KB142062

길 위에서
만난
독립운동가

길 위에서 만난 독립운동가

이야기가 있는
답사 여행

김학천 글 · 황은관 그림

최근 독립운동사에 대한 관심이 점차 높아가고 있다. 고마운 일이다. 관심이 고조됨에 따라 독립운동의 역사와 주인공에 대한 좋은 안내 책자가 요청된다. 독립운동가와, 그들의 기념관·활동 지역을 찾아가는 것은 독립운동을 직접 체험하는 것이나 다름없다. 이 책은 독자들의 그런 요구를 반영하여 그들의 활동지와 기념관을 찾아가서 독립운동가를 직접 만나게 해 준다. 이 책에 소개된 열여섯 분은 독립운동의 분야와 지역을 고려하여 선별했다. 독자들은 이 책의 글과 그림을 통해 독립운동가와 대화하면서 독립운동 현장에 다가가게 될 것이다.

이만열 | 숙명여대 명예교수, 전 국사편찬위원장

역사는 사람이 살아온 삶이며 걸어온 길이다. 그래서 역사는 교실에서만 배울 수 없고 '역사의 길'에서 배워야 한다. 이 책의 저자는 학교에서 역사를 가르치는 선생님이시지만 이론으로만 공부하지 않고 발과 삶으로 공부한 분이다. 학생들에게도 역사를 교실 뿐 아니라 길에서도 함께 가르치는 분이다. 이렇게 역사의 길에 서 볼 때에 나의 길도 우리의 길도 바르게 볼 수 있다. 이 책 『길 위에서 만난 독립운동가』는 길을 잃고 방황하는 청소년들에게도, 각자 도생하며 삶의 길을 찾는 젊은이들에게도, 허한 가슴으로 살아가는 현대인들에게도 가슴을 꽉 채워주는 귀한 길잡이가 되리라 확신한다.

윤은성 | 어깨동무대안학교 교장, 역사인문학 작가

역사란 단순히 자기 자신과 자연의 기록이 아니다. 그것은 현재에 부피를 주고 인류의 지도자들에게 겸손을 주게 되는 지식이다. 국가도 개인과 마찬가지로 과거를 의식하지 못한다면 미래에 대한 목표도, 우리를 붕괴시키려는 외세에 대한 방패도 없이 표류하게 된다.

이 세상에 아름다워 보이는 모든 추상적인 가치들은, 시간이 흐르면 결국 다 잊혀진다. 인간의 기본에 대한 권리, 평화를 유지하기 위한 투쟁, 순교와 순국의 사이에서 끝까지 포기하지 않았던 우리 할아버지 세대의 이야기. 그것이 내가 깨달은 대한민국 근대사다. 그들의 삶의 조각을 하나라도 더 기억하기 위해 부단히 애쓰고 기록하는 사람들이 있다. 이 책의 두 작가 역시 그런 점에서 훌륭한 역사가라 볼 수 있다.

정상규 | 역사 작가, 소설가

"나는 청년은 내 남을 가리지 않고 좋아한다.

무릇 청년은 진리와 정의를 위해서는

목숨도 아끼지 않는 불 가슴을 안고 있기 때문이다."

"독립운동을 하면 3대가 망한다?!"

"선생님! '친일 하면 3대가 흥하고 독립운동을 하면 3대가 망한다'는 인터넷 기사를 봤는데요. 친일을 한 사람이 잘되고 독립운동을 한 분들과 후손들은 망한다는 말이 사실인가요?" 학교 수업 시간에 한 학생이 이해할 수 없다는 표정으로 던진 질문이었다. 간단하게 말할 수도 또 일반화시킬 수도 없는 물음이었으나 분명 우리 사회에 존재하는 모습이기에 외면할 수 없는 질문이었다. 해방 후 제대로 친일 청산을 하지 못하고 관료, 군인, 경찰, 지식인 등 폭넓게 자리한 친일 인사들이 기득권을 유지하며 더욱 견고히 영향력을 키워 온 반면 상대적으로 국내외에서 독립운동을 하며 자신과 가정을 잘 돌보지 못했던 독립운동가들의 형편은 어려웠고 해방 후 국가의 지원도 부족했던 것이 사실이었다. 그럼에도 독립의 정신을 통일, 교육, 자립, 민주라는 정신으로 이어가기 위해 평생을 살아간 분들, 그 정신을 공유한 이들이 있었기에 오늘 우리 사회가 여기까지 올 수 있었다고 생각하며 앞으로도 이러한 독립정신이 우리 다음 세대들에게 전해지길 소원하는 마음을 담아 이 글을 쓰게 되었다. 특별히 역사

교사로 청소년, 청년들과 함께 전국을 탐방하며 우리 역사 이야기를 전했던 것처럼 생생한 역사의 이야기가 남아 있는 곳을 찾아 독립운동가들의 삶과 그들이 꿈꾼 세상을 나누고 싶었다.

　독립운동가를 찾아 나서는 여정은 쉽지만은 않았다. 학교 수업과 역사 강연, 답사, 가이드 등으로 주말이나 방학에도 일정이 많았지만 틈틈이 시간을 내어 현장을 더 찾아보려 애썼다. 이미 여러 번 방문한 곳도 있었고 처음 찾아간 곳도 있었다. 가장 최근의 모습을 담고 함께 탐방하면 좋은 코스를 마련하기 위해 주변 지역을 다시 둘러보기도 했다. 부산에 살며 전국을 다닌다는 것이 힘들기도 했지만 '적당히'라는 생각이 들 때마다 지금 나와는 비교할 수 없을 만큼 어렵고 힘든 삶을 살아간 독립운동가 한 분, 한 분을 떠올리며 다시 길을 떠났다. 그리고 이 책을 읽고 부모님이 자녀들과 함께 독립운동가를 만나러 떠나는 여행을 상상해 보았다. 20대 청년들이 친구들과 함께 길 위에서 만난 독립운동가들에게 받을 감격을 떠 올려 보았다. 그렇게 나를 다독이며 길을 걷고 현장을 찾았다. 답사 여행길에서는 잊지 못할 추억들도 남았다. 태풍이 올라와 비바람이 치던 날 찾은 밀양은 날씨만큼이나 풍파가 많았던 약산의 삶을 떠 올리게 했고 서울에 폭우가 내리던 여름, 비에 흠뻑 옷이 젖으며 도산공원을 찾 아간 기억, 다음 날 양평에 복원된 몽양 여운형 선생 생가기념관에서는 선생과 함께 촬영한 크로마키 사진이 오랫동안 간직할 추억이 되었다. 영 하의 날씨에 폭설이 내려 사람도 차도 엉금엉금 기어가는 속에 광주 양림 동을 찾은 날은 정말 막막하기까지 했다.

'내가 계획한 날은 왜 이럴까… 난 왜 이리 사서 고생일까?'

내가 봐도 내가 좀 미친 것만 같았다. 책에 담을 독립운동가를 선정 하는 일은 여러 차례 바뀌기를 반복했다. 내가 매일 만나는 중학생 정도 만 되어도 누구나 알 수 있는 인물이면서도 다양한 인물의 만남을 함께 소개할 수 있는 분을 선정하려 애썼고 한편으로 잘 알려지지 않았으나 오 늘 우리 시대에 필요하다고 생각되어 선정한 분들도 있었다. 여성, 외국인 독립운동가, 지방에서 활동한 독립운동가와 그 지역의 역사도 소개하고 싶었다. 여러 고민 끝에 16인의 독립운동가를 선정하여 현장을 찾고 글을 썼지만 아쉬움도 남는다. 그렇지만 이 책에는 그동안 청소년, 청년들과 함께 답사한 인물과 관련된 생가, 기념관, 유적지, 묘소 등을 담고 있다. 생가는 가족과 스승으로부터 어떤 교육과 영향을 받으며 한 사람의 가치관이 형성되어 갔는가를 보여주는 장소이고 기념관은 그 공간이 가진 역사적인 의미와 함께 인물의 생애와 삶을 한눈에 살펴볼 수 있는 훌륭한 학습의 장이기 때문이다. 유적지는 그가 치열하게 살아간 삶의 궤적을 살펴보는 생동감 있는 현장이고 묘소는 말없이 조용한 공간에서 마치 나에게 말을 건네는 공간처럼 다가오기 때문이다.

이 책은 독립운동가의 길을 4가지 주제로 나누어 서술하였다. 1장에서는 가장 앞서 싸우며 온갖 오해와 비난, 체포와 테러의 위협 속에서도 목숨을 걸고 조국독립과 통일국가를 세우고자 했던 분들을 만나고 2장에서는 서로 다른 종교와 신념에도 그것을 뛰어넘어 세상과 소통하며 사회를 개혁하는 정신적 리더로 다음 세대를 키워 낸 지도자들을 만난다. 3장에서는 총칼 보다 주어진 삶의 자리에서 흐트러짐 없이 일본 제국주의에 맞서 조국 독립을 위해 삶을 다한 분들의 여정을 따라가 보았고 4장에서는 독립의 정신을 자립의 정신으로 이어가고자 교육, 경제, 민주, 통일을 위해 빛을 발한 리더들을 만나 본다. 필자가 찾아간 장소 외에 목차마다 '함께 걷는 독립운동의 길'이라는 이름으로 같이 돌아보거나 찾으면 좋은 코스를 소개해 넣었다.

이 책 『길 위에서 만난 독립운동가』는 다음 세대라 불리는 청소년, 청년들과 함께 탐방하고 나누었으면 하는 현장의 이야기를 담고 있다. 또한 부모님들이 자녀들과 함께 탐방하며 우리의 소중한 역사를 함께 기억해 주기를 바라는 마음도 담겨 있다. 그래서 10여 년 동안 학생들과 청년들을 인솔해 전국을 함께 다니며 우리는 어떻게 살아가면 좋을까 고민하며 던졌던 질문을 독립운동가의 삶을 통해 다시금 되묻고 싶었다. 오늘날 극단의 대립으로 치닫는 정치, 심해지는 경제적 양극화, 공동체보다 나를 중시하는 세상의 풍토 속에서 좀 더 나은 사회를 만들어가는 방법을 길 위에서 찾을 순 없을까? 책을 들고 홀로 여행을 떠나 길 위에 남겨진 역사의 숨결을 느껴보는 것도 좋고 가족과 '함께 걷는 독립운동의 길'을 걸어보는 것도 추천한다. 직접 찾아가지 못하는 분들은 책을 통하여 현장을 떠올려보는 작은 만남의 시간이 되었으면 좋겠다.

　특별히 이 책『길 위에서 만난 독립운동가』의 화룡정점은 16명의 독립운동가 한 분 한 분의 삶을 멋진 그림으로 담아주신 황은관 작가님의 그림이다. 한 인물의 이야기를 한 장의 그림으로 모두 담아내 주신 작가님께 감사드린다. 무엇보다 평일에는 퇴근 후 글을 쓴다고 주말에는 강의와 탐방으로 전국을 다니느라고 바쁘게 보낸 남편을 인내하며 격려해 준 아내에게 '당신을 만난 것이 이 책을 출간하는 것보다 더 큰 감사며 정말 사랑한다'는 말을 해주고 싶다. 새로운 길을 찾고 있는 한국 사회에 독립운동가들을 만나는 길에서 나의 길을 묻고 찾아보는 시간이 되길 소망한다.

차례

일생과 바꾼 숭고한 길

**국권 회복, 조국 독립, 통일국가를 위해
평생 목숨을 걸었던 독립운동가**

동양 평화를 간절히 소원한 대한의 청년 안중근은 동양 평화라는 같은 구호를 외친 이토 히로부미伊藤博文를 왜 저격하였을까? 일본의 심장 도쿄에서 당당하게 조국의 독립을 외친 청년 여운형은 해방 후 조국의 심장 서울 한복판에서 한국 청년이 쏜 총탄에 쓰러졌다. 나의 소원은 첫째도 독립, 둘째도 독립이라 말한 김구는 소원을 이룬 이후에 왜 더 어려운 길을 가야만 했을까? 의열단 단장이라는 이름으로 국민적 지지를 받던 김원봉은 어쩌다 북행이라는 선택을 하게 되었을까? 구한말부터 해방에 이르기까지 국권 회복, 조국 독립, 통일국가 수립이라는 꿈을 위하여 일생을 던진 독립운동가들이 있었다. 그들이 태어난 곳에 복원한 생가, 어릴 적 뛰어놀던 마을, 동료들을 이장해 묻어 주고 본인 또한 잠들게 된 공원, 신사 참배를 올리던 터에 자리한 기념관까지 역사의 현장은 그들의 삶을 기억하여 기록하고 있다. 오해와 비난과 체포와 테러의 위협 속에서도 그들이 이루고자 했던 꿈과 만들고자 했던 세상을 만나기 위해 그 숭고한 길을 찾아가 본다.

見利思義見危授命

견리사의 견위수명

서울 남산을 오르다

    서울의 남산은 어떤 곳일까? 남산 일대는 서울타워를 중심으로 곳곳에 둘레 길과 공원들이 조성되어 시민들의 휴식처로 사용되고 있다. 하지만 개항에서 오늘에 이르기까지 남산은 오랜 시간 중국, 일본, 미국 등 다양한 외국 부대가 점유해 사용한 공간이었다. 뿐만 아니라 일제강점기와 해방 후 주요 관공서와 기관들이 위치하면서 다양한 사건과 이야기를 간직하고 있는 곳이기도 하다.

    서울역에서 도보로 남산 안중근의사기념관을 찾았다. 힐튼호텔 뒤편으로 복원된 서울 성곽 길을 따라 백범광장으로 올랐다. 햇살 가득 가을 하늘 아래 행사 준비로 분주한 광장과 아름답게 핀 꽃과 숲길은 이곳을 찾는 사람들에게 편안한 휴식처로 느껴지기 충분했다. 그러면서 문득 이런 생각이 들었다. 이곳을 찾는 이들 중에 이 언덕길과 광장이 과거 어떤 곳이었는지 제대로 알고 있는 이들은 얼마나 될까? 이곳은 일제가 서울 남산에 세운 우리나라에서 가장 큰 신사인 '조선신궁'이 있었던 곳이다. 조선신궁을 오르는 길에 3개의 광장이 있는데 가장 아래쪽 광장이 김유신 장군상이 있는 곳이고 가운데 광장이 백범광장이 자리한 곳이다. 그리고 조금 더 높은 곳에 조선신궁 본전이 세워졌는데, 현재는 안중근의사 기념관과 그 일대 공간으로 사용되고 있다. 이곳을 지나 숭의여자대학교 쪽으로 내려가면 경성 신사, 노기 신사와 같은 옛 일본의 신사 터와 통감부와 조선총독부 자리도 찾아볼 수 있다. 광화문 앞으로 조선총독부를 옮기기까지 총독의 거처와 집무는 남산에서 이루어졌기 때문이다. 해방 후 1960년대에는 이 주변으로 중앙정보부 건물이 들어서며 국가정보기관의 역할을 하여 한때 남산은 사람들에게 무서운 공간으로 여겨지기도 했다.

안중근 의사 기념관

백범광장에 오르면 두 명의 독립운동가를 만날 수 있다. 이시영과 김구이다. 지팡이를 잡고 왜소한 모습으로 의자에 앉아 있는 이시영 선생은 백사 이항복의 후손으로 노블레스 오블리주noblesse oblige를 실천한 명문가 집안의 독립운동가이자 초대 대한민국 부통령을 지낸 분이다. 그 옆으로 백범 김구 선생의 동상이 세워져 있다. 한창 진행 중인 광장의 축제를 뒤로하고 조금 더 언덕을 오르니 제법 규모가 큰 바위 돌들이 넓은 뜰 곳곳에 위엄 있게 서 있었다. 바위에 새겨진 글은 안중근1879~1910 의사가 남긴 유묵과 말들이었다. 안중근 의사는 항상 몸가짐을 바르게 하며

인仁과 의義를 강조하는 삶을 살았다. 그렇다면 천주교 신자로서 생명을 존중하고 인의를 강조하던 그는 왜 이토 히로부미를 저격할 수밖에 없었을까?

안중근 의사의 생각이 담긴 바위에 새겨진 글을 읽은 후 맞은편 기념관 내부로 들어갔다. 기념관은 무채색 계열의 건물에 아래로 내려가는 느낌까지 더해져 숙연한 마음이 들었다. 안중근 의사 숭모회에서 1970년 지금의 자리에 안중근의사기념관을 건립하였고 건립위원회와 국민성금 등으로 2010년 10월 26일 현재의 기념관을 개관하였다. 로비에는 순국하실 때의 옷을 그대로 입고 있는 안중근 의사 동상이 자리하고 뒤로는 피로 쓴 '대한독립大韓獨立'이라는 글이 새겨진 태극기가 걸려 있었다. 이 건물에 세워진 12개의 기둥은 러시아 연해주의 한인마을 연추延秋, 크라스키노에서 단지斷指 동맹을 맺을 때 참여한 12명을 기념하기 위한 것이라고 했다. 건물 하나를 지어도 역사의 의미를 담아 짓고 건축한 것을 보며 다시 한 번 의식이 중요함을 느꼈다. 안중근 의사 동상 앞에서 참배하는 마음으로 대한독립이라는 글이 적힌 태극기를 바라보았다. 독립운동가 분들이 목숨을 바쳐 찾고 싶었던 '대한독립', 과연 오늘을 살아가는 우리는 그분들이 꿈꿔 왔던 온전한 대한독립을 이루었을까? 만약 아니라면 우리에게 남겨진 시대적 과제는 무엇일까?

유학의 전통과 천주교의 가르침

전시실에 들어서면 가장 먼저 안중근 의사 가계도가 눈에 들어온다.

안중근 의사는 1879년 9월 2일 황해도 해주에서 태어났다. 아버지 안태훈은 아이의 가슴과 배에 북두칠성과 같은 점 7개가 있어 아명兒名을 '응칠'이라 불렀다. 그는 비교적 유복한 가정에서 태어나 할아버지에게 학문을 배웠고, 무武를 중요시 여겼던 가풍에 따라 집안에서 고용한 포수들과 함께 사냥, 활쏘기, 말타기 등을 연마했다. 1894년 안중근 의사는 혼례를 치르지만 우리나라는 동학농민운동, 갑오개혁, 청일전쟁까지 급격한 변화와 혼란을 겪는다. 토벌군이었던 아버지 안태훈은 당시 동학의 접주였던 김구당시 김창수의 의기와 사람됨을 눈여겨보고 보호해주기도 했다. 안태훈은 동학군으로부터 노획한 5백석 가량의 양곡을 군량미로 전용한 것이 문제가 되어 곤경에 처했으나 프랑스 신부의 도움으로 문제를 해결한 후 천주교에 입교한다. 나아가 주변 마을에 천주교를 전파하기까지 하며 신앙생활에 열성을 다했다. 아버지의 영향을 받은 안중근 의사는 1897년 빌렘Nicolas Joseph Marie Wilhelm신부에게서 토마스Thomas, 도마 라는 영세명을 받았다. 안중근 의사는 이때부터 신앙과 평화에 대한 사상을 키워나갔는데, 독립전쟁 중에도 무고한 인명을 살상하지 않는 등 신앙인으로 올곧은 생활을 유지하려고 애썼다. 독립유공자 서훈을 15명이나 받은 명문 가문은 갑자기 하루아침에 만들어진 것이 아니었다. 유학의 밑바탕에 천주교의 가르침을 수용하고 사람의 가치를 존중하던 아버지 안태훈과 어머니 조마리아의 삶과 교육이 열매를 맺은 것이라 볼 수 있을 것이다.

한 번의 '의로운 행동'보다 더 크고 중요한 점은 그 사람 속에 '내재된 의식'이라고 생각한다. 그 의식은 하나의 사건보다는 어렸을 때부터 오랜 시간, 가정에서 또는 스승과 주변인들로부터 지속적인 영향을 받으며 형성된다. 안중근 의사의 가문도 그러한 희생과 애국의 정신이 흘러 내려왔기에 가능했을 것이다. 우리가 과거의 이야기인 역사를 배우고 그 현장을 찾는 이유는 역사 속 인물의 생각과 의식이 어떻게 형성되고 그들의 선택과 삶이 무엇을 남겼는지 살펴보기 위해서다.

국권 회복 운동에서 해외 독립 운동으로

안중근 의사는 다음 세대를 위한 교육활동으로 고향과 지방을 여러 차례 오가며 노력하였으나 나라의 운명은 점점 더 어두워져 갔다. 독립협회의 좌절, 러일전쟁을 통한 일본의 야욕이 더욱 커지자 그는 중국 상해로 건너가 국권 회복 운동에 뛰어들지만 큰 성과를 얻지 못한다. 그러던 중 1906년 1월 부친의 사망 소식을 듣고 귀국해 기울어진 나라일수록 교육이 희망이라는 신념으로 평안남도 진남포로 이사하고 삼흥학교, 돈의학교를 세워 교육 운동에 힘썼다. 이듬해 나라 빚을 갚자며 대구에서 시작된 국채보상운동이 전국으로 확산되자 관서 지부장을 맡아 전 가족의 장신구를 모두 헌납했으며 어머니 조마리아 여사도 패물을 모두 내놓으며 마지막 희망의 불씨를 지키려 애썼다. 그러나 일제의 방해와 공작으로 국채보상운동은 실효를 거두지 못했고 고종의 강제 퇴위와 군대 해산, 통감부의 통치가 이어지며 더 이상 국내에서의 국권 회복 운동은 불가능해졌다.

안중근 의사는 북간도와 연해주 일대 한인들을 찾아 나섰고 계몽운동과 독립전쟁 등을 준비하였다. 1908년 4월 연해주 최재형의 집에서 항일의병단체인 동의회를 조직하고 연추를 근거지로 하여 150여 명을 이끄는 의병장을 맡았다. 첫 항일전투는 성공적이었다. 1908년 6월 엄인섭과 함께 국내 진입 작전을 펼쳐 일본군 수비대를 급습하고 일본군을 완전 소탕하는 전과를 올렸고 7월에는 두 번째 국내 진입 작전을 펼쳐 함북 경흥 부근에서 다수의 일본군을 생포했다. 하지만 안중근 의사는 부대원들의 반대에도 불구하고 생포한 포로들을 만국공법에 따라 풀어주는 놀라운 결정을 내린다. 이 결정에 불만을 품은 엄인섭의 부대와 일부 부대원들은 안중근 의사를 떠나게 되었고 풀려난 포로들에 의해 부대 위치가 노출되어 기습 공격까지 받게 되었다. 이 기습으로 큰 피해를 입은 안중근 의사는 연추로 돌아왔으나 많은 동료가 그를 떠났고 그와 함께하려는 의병이나 지원해줄 독립자금도 구하기 어렵게 되었다.

그럼에도 안중근 의사는 조국 독립과 동양 평화라는 마음을 잃지 않았다. 그는 자신을 믿고 함께한 남은 동지 11명과 1909년 2월 연추 하리 마을에서 동의단지회를 결성하였다. 같은 마음으로 대한독립을 위해 헌신할 것을 목표로 왼손 약지의 첫 관절을 자르는 '단지동맹'을 결성한 것이다. 전시실 입구 태극기에 대한독립이라는 글이 새겨지는 순간이었다.

하얼빈의거

1909년 10월 26일의 역사적인 하얼빈의거를 이야기하기에 앞서 이토 히로부미가 어떤 인물인지 살펴보자. 이토 히로부미는 일본의 마지막 무사정권인 에도막부의 실권자도, 일왕의 친척도 아니었다. 야마구치현의 작은 마을 농민의 아들로 태어나 하급 무사인 이토 가문에 양자로 들어가 하급 무사의 길을 걸었다. 그는 훗날 막부를 무너뜨리고 일본의 근대화를 이룬 인사들을 배출한 요시다 쇼인吉田松陰의 문하에서 공부하였다. 그리고 근대국가를 수립한 메이지유신에 참여했으며 이와쿠라 사절단1871~1873의 일원이 되어 영국, 독일을 비롯한 유럽의 국가들을 시찰하고 돌아온다. 그 후 일본의 내각제도 도입과 헌법 제정 등 초기 일본의 틀을 세우는데 기여했다. 그리고 대한제국과 을사늑약을 강제 체결하고 통감부를 설치했다. 조선의 초대 통감으로 부임한 이토는 조선을 일본의 대륙 진출과 제국주의를 위한 교두보로 삼기 위한 행동을 실천에 옮긴다. 그가 하얼빈역에 도착한 이유도 러시아와 만주를 놓고 협상하기 위한 여정의 일부였다.

그렇게 이토가 동아시아 정책을 협상하기 위해 북만주를 시찰한다는 소식이 안중근 의사에게 전해졌다. 안중근 의사는 우덕순, 유동하, 조도선 등과 함께 하얼빈으로 향했다. 안중근 의사는 하얼빈역에서, 우덕순과 조도선은 채가구역에서 이토 히로부미를 기다렸다. 10월 24일 채가구역에 이토가 탄 열차가 중간 정차한다는 첩보가 있었으나 우덕순 등을 수상히 여긴 러시아 경비병이 그들을 구내 여관에 감금하였고 열차는 정차하지 않고 다음 역인 하얼빈역에 멈췄다. 1909년 10월 26일 오전 9시 이토가 탄 열차가 하얼빈역으로 들어왔다. 안중근 의사는 이토가 탄 열차가 플랫폼에 들어오는 것을 지켜보았다. 9시 15분 하얼빈역에 러시아군 의장대가 도열했다. 5분 뒤 러시아 대신 코코프체프Kokovsev, V.N와 함께 이토의 모습이 보였다. 9시 30분 안중근 의사는 가슴에 품은 총을 꺼내 의장대 사이로 보이는 이토 히로부미를 정확히 저격해 쓰러뜨렸다. 그리고 '코레아우라대한민국만세'를 세 번 외치고 러시아 경비병에게 현장에서 체포되었다. 동양의 평화를 추구한다던 69세의 이토 히로부미는 동양의 평화를 간절히 원하던 31세의 청년 안중근 의사의 총탄에 최후를 맞았다. 같은 동양 평화를 외쳤건만 안중근 의사는 왜 그를 저격할 수 없었을까? 서로가 생각한 '평화'의 개념이 달랐기 때문이다.

재판정에서 순국까지

"나의 의거 목적은 한국의 독립과 동양 평화의 유지에 있었고, 이토 히로부미를 살해하기에 이른 것도 개인적인 원한에 의한 것이 아니라 동양의 평화를 위한 것으로 아직 목적을 달성했다고 할 수 없기 때문에 이토를 죽여도 자살할 생각 따위는 없었다."

섬나라 일본이 동양 평화라는 이름하에 동아시아의 패권을 차지하고 한반도는 물론 만주까지 차지하려고 하는 야욕을 대한의 청년 안중근이 한국의 독립과 평화를 위해 저지했다는 것이다. 일본이 말한 평화가 거짓이었다는 것은 30년 후 그들이 일으킨 만주사변, 중일전쟁, 태평양전쟁 등을 통해 확인할 수 있다. 안중근 의사는 하얼빈 의거 직후 러시아 경비대에 체포되었으나 곧 하얼빈 일본 총영사관에 신병이 인도되었다. 불법적인 신병인도였으며 하얼빈 일본 총영사관에서는 그를 중국 대련 뤼순旅順 감옥으로 이송시켰다. 1909년 11월 3일 뤼순에 도착한 안중근 의사는 언론과 변호인 입회를 금한 상태로 재판을 받았다. 이미 답을 정해 놓은 공판이었다. 안중근 의사는 대한의군 참모중장의 자격으로 동양 평화를 막는 이토를 저격한 것이며 임무 중 포로로 잡힌 것이기에 만국공법으로 처리해주길 주장하였고 뤼순 관동법원 재판정에서 열린 6차에 걸친 공판에 참석한 사람들 앞에서 이토의 잘못과 일제의 악행을 낱낱이 밝혔다. 그러나 안중근 의사의 주장이나 만국공법의 이론이 받아들여질 리 없었다. 결국 마지막 공판 날인 1910년 2월 14일 사형이 선고되었고 3월 26일 형이 집행되었다. 항소를 포기하고 집행을 한 달 정도 늦추며 안중근 의사는 『동양 평화론』집필을 완성하려고 했으나 일제는 이 시간마저도 허락하지 않았다. 안중근 의사는 뤼순감옥에서 몇 달의 시간을 보내며 죽음을 앞두고 있음에도 의연한 자세를 잃지 않았다. 그는 죽음의 길을 피하기보다 자신의 생각을 글로 남기는 선택을 한다. 5개월 동안 그는 뤼순감옥에서 자서전 『안응칠역사』와 『동양 평화론』집필에 힘을 쏟았다.

동포에게 고함

내가 한국 독립운동을 회복하고 동양 평화를 유지하기 위하여 삼 년 동안을 해외에서 풍찬노숙하다가 마침내 그 목적을 도달치 못하고 이곳에서 죽노니 우리들 이천만 형제자매는 각각 스스로 분발하여 학문을 힘쓰고 실업을 진흥하며 나의 끼친 뜻을 이어 자유 독립을 회복하면 죽는 자 유한이 없겠노라.

어머님 전상서

예수를 찬미합니다. 불초자식은 감히 한 말씀 어머님에게 올리려 합니다. 엎드려 바라옵건대 저의 막심한 불효와 아침, 저녁 문안 인사를 못 다한 죄를 용서해 주십시오. 이슬처럼 허무한 이 세상에서 육정을 못 이기고 이 불초자식을 너무나 염려해 주시니 후일 천국에서 만나 뵈올 것을 바라며 기원합니다. 현세의 일이야말로 모두가 주의 명령에 따른 바이오니 마음을 편안히 하옵기를 엎드려 비옵니다. 분도는 장차 신부가 되게 하여 주시기 바라오며, 후일에도 잊지 마시옵고 천주님께 받치도록 교양해 주시옵소서. 이상은 그 대요이며, 여쭐 말씀은 많습니다만 후일에 천국에서 기쁘게 또 만나 뵈옵겠으니 그때 자세한 말씀을 드리기도 하겠습니다. 가족 일동에게 문안드리지 못하오니 반드시 주교님을 전심으로 신앙하여 천당에서 기쁘게 만나 뵈옵겠다고 전해주시기 바라옵니다. 이 세상사는 정근과 공근에게서 들어주시옵고 반드시 염려를 거두시옵고 마음 편안히 지내시기를 바랍니다.

그의 어머니 조마리아 여사도 일생을 독립운동에 바친 여성 독립운동가였다. 하얼빈 의거 소식이 국내에 전해지자 일본 경찰에 붙잡혀가 조사를 받았는데 그녀는 평소처럼 담담히 묻는 말에 대답했다고 한다. 아들에게 사형이 선고되자 두 아들 정근과 공근을 감옥으로 보내 일제에 항소하지 말고 나라 위해 목숨을 바치라는 뜻을 전하기도 했다. 역시 '그 어머니에 그 아들'이라는 말이 어울리는 모습이었다. 조국을 빼앗긴 후 조마리아 여사는 1920년 상해 임시정부를 찾아 동포들과 독립운동가들을 위해 경제적 지원과 헌신을 아끼지 않았다. 안중근 의사는 사형을 선고받고 순국하기까지 약 40여 일 동안 200여 점의 유묵을 남겼다. 글의 대부분은 당시 뤼순감옥의 간수들에게 전해졌는데 안중근 의사의 의연한 태도와 자세에 식민지 지배국의 간수조차도 감동하였고 그들이 글을 소중히 보관해온 것이다. 현재 알려진 것이 60여 점, 그 중 한국으로 전해져 보물로 지정된 것이 26점이다. 일부 글을 통해 안중근 의사의 생각을 살펴보자.

계신호기소부도(戒愼乎其所不睹)
아무도 보지 않는 곳에서 경계하고 삼가라.

남이 보지 않는 곳일수록 더 그 행동을 삼가고 신중히 하라는 말로써 중용에 나오는 구절이다. 안중근 의사는 큰 뜻을 이루려는 이는 남에게 보이지 않는 곳, 들리지 않는 곳에서도 소홀한 마음을 가져서는 안 됨을 강조한 자기 수양의 글이다.

견리사의견위수명(見利思義 見危授命)
이익을 보거든 정의를 생각하고 위태로움을 보거든 목숨을 바쳐라.

안중근 의사 스스로가 가톨릭 신앙과 전통 유교의 가치관 속에 살고자 했던 삶의 모습일 것이다. 하지만 요즘 우리는 이익이 있으면 너 나 할 것 같이 앞다퉈 달려들고 위태로움이 보이면 누가 먼저라 할 것 없이 뒤로 물러서는 시대 속에 살고 있지는 않을까?

위국헌신군인본분(安重根義士遺墨-爲國獻身軍人本分)

나라를 위하여 헌신하는 것은 군인의 본분이다.

이 글은 뤼순 감옥에서 공판정을 오갈 때마다 경호를 맡으면서 안중 근 의사의 사상과 인격에 감복, 안중근 의사를 스승으로 받들었던 일본군 헌병 치바 도시치千葉十七에게 써준 것으로 전해지고 있다. 치바는 안중근 의사가 순국한 뒤 제대하고 고향으로 돌아가 센다이시에서 철도원으로 근무하면서 안중근 의사의 사진과 유묵을 모셔놓고 하루도 빠짐없이 향 배를 드렸다. 사후 부인이 이 일을 대신하다가 사망하자 양녀인 미우라구 니코三浦くに子여사가 그 뒤를 잇다 1980년 8월 안중근의사기념관에 기증 했다. 적국의 헌병 간수도 놀랄만한 인품과 의식을 갖고 있던 안중근의사 였던 것이다.

빈이무첨부이무교(貧而無諂 富而無驕)

가난하다고 아첨하지 않고 부유하다고 교만하지 않는다.

『논어』 학이편에 나오는 구절로 어떠한 상황에서도 바른 마음가짐을 가져야 함을 말하는 문구이다. 안중근 의사가 남긴 글 중에 순국 직전 쓴 글로 알려져 있다. 자신을 찾아오거나 만난 이들에게 필요한 말을 했다면 어쩌면 이 구절은 마지막 우리 동포들에게 던지는 메시지는 아닐까? 겸 손하지만 당당한 삶!

"나는 죽어서도 하나 된 조국의 독립을 위해 싸울 것이다."

법정에서 마지막으로 할 말을 묻자 안중근 의사가 대답한 말이었다. 하나 된 조국의 독립! 그가 완성하지 못한 『동양 평화론』의 본론은 이제 우리 후손들의 몫으로 남았다. 기념관을 나오며 작은 조형물 하나가 걸음을 멈추게 했다. 안중근 의사가 가슴에 총을 품은 채 어디론가 향해 달려가고 있는 형상이었다. 그가 달려갔던 길을 우리는 알고 있고 그 결말도 알고 있다. 그렇다면 우리는 어떤 생각을 가슴에 품고 어디로 무엇을 위해 달려가야 할까!

❶ 서울 남산 성곽길
❷ 남산공원 대한국인 안중근상
❸ 남산공원 안중근 의사 어록비
❹ 남산공원 안중근 의사 기념관
❺ 중국 하얼빈역
❻ 중국 단동 뤼순감옥
❼ 대한의사 안중근 의사상

함께 걷는 독립운동의 길

서울 남산 성곽길　　　　백범광장　　　　안중근의사기념관　　　　남산 일본 신사와 조선총독부 자리

서울 남산 성곽길

조선을 건국한 태조 이성계는 1396년 도성 축조에 들어갔다. 한양 둘레에 북악산, 인왕산, 남산, 낙산의 평지와 능선을 잇는 약 18km의 성곽을 건설했다. 온 백성이 힘을 모아 쌓은 국가의 울타리는 일제강점기 훼손되었으나 일부 남겨진 구간은 시민들이 즐겨 찾는 '서울 성곽길'로 조성되어 있다.

백범광장

남산공원 백범광장은 백범 김구 선생과 임시정부에서 함께하고 초대 부통령을 지낸 성재 이시영선생의 동상이 세워져 있다. 계절마다 다양한 축제가 열리는 이곳은 일제강점기 신사로 오르는 길목에 위치한 광장이기도 한 곳이다.

안중근의사기념관

안중근의사기념관 자리는 일제강점기 가장 큰 일본 신사였던 '조선신궁'이 위치했던 곳이다. 안중근의사 숭모회에서는 순국 60주년을 맞아 국민 성금으로 안중근의사기념관을 건립했다. 현재의 기념관은 2010년 신축한 기념관이다. 야외광장에는 안중근 의사 동상과 어록이 적힌 바위들이 존재한다.

남산 일본 신사와 조선총독부 터

남산은 1905년 을사늑약 체결 후 통감부가 자리했으며 1910년 한일병합 이후에는 조선총독부가 경복궁 앞으로 이전 할 때(1926)까지 자리했던 곳이다. 경성신사와 노기신사를 비롯해 일제의 흔적들을 아직도 곳곳에서 살펴볼 수 있다.

견리사의 견위수명. 조국의 운명을 바꾸기 위해 혈혈단신 군인정신으로 나아갔다. 장부의 비장한 각오와 한방에 적의 원수를 보내야 하는 그 상황을 석양이 지는 서부영화 포스터에 오마주했다. Hexter

몽양 여운형 생가 · 기념관을 찾아서

"혁명가는 침상에서 죽는 법이 없다. 나도 서울 한복판에서 죽을 것이
다. 아버지가 길바닥에서 쓰러질지라도 너희들은 울지 마라. 울지 말
고 일어나서 싸워야 한다."

　　　　　　　- 1946. 테러의 위협 속에 몽양 여운형이 가족에게 전한 말

몽양夢陽 여운형1886~1947 선생의 생가와 기념관은 양평으로 향하는
중앙선을 타면 대중교통으로 찾아갈 수 있다. 덕소와 팔당을 지나 신원
역에 내리면 입구에 그려진 '몽양 벽화'가 기념관으로 향하는 길을 안내
한다. 신원역에서 기념관까지의 길은 '몽양길'로 지정되어 선생의 활동이
담긴 벽화와 그림 등을 볼 수 있다.

작은 언덕길을 따라 오르면 기념관으로 향하는 오솔길이 보이는데 입구에 '묘골애오와공원'이라 적힌 타원형의 공간을 만난다. 애오와의 뜻은 '나의 사랑하는 집'이란 뜻이며 선생의 동상과 함께 그가 관계했던 많은 외국 인사들이 소개되어 있었다. 좌우 동서양을 막론한 선생의 폭넓은 관계와 삶을 한눈에 볼 수 있는 공간이었다. 무엇보다 바닥에 새겨진 붉은색, 푸른색의 태극마크는 누구보다 선생이 하나 된 민족국가를 건설하려 한 생각을 반영한 것처럼 느껴졌다. 애오와 공원을 지나 오솔길을 따라 올랐다. 이 길은 '몽양 어록길'이라 불리는데 선생이 생전에 남긴 어록을 바위에 새겨 놓은 것이다. 바위에 새겨진 어록을 읽으며 기념관에 도착했다. 기념관은 단층으로 2층에 생가가 복원된 구조였다. 생가는 한국전쟁으로 폐허가 되어 터만 있던 것을 2011년 고증을 거쳐 기념관과 함께 복원한 것이다. 기념관 왼편으로는 야외 전시와 운동 체험을 할 수 있는 '조선 스포-쓰 도장'도 조성되어 있어 몽양의 다양한 생전 활동과 스포츠 사랑을 직접 체험해 볼 수 있는 공간이었다.

동학과 기독교, 새로운 세상을 꿈꾸게 하다

몽양은 1886년 5월 25일 경기도 양평 신원리 묘골에서 여정현의 장남으로 태어났다. 어머니가 치마폭에 태양을 받는 태몽을 꾸었다 하여 훗날 '몽양'이란 호를 지었다고 한다. 몽양의 조부 여규신은 동학에 가입해 활동했기에 몽양도 할아버지를 통해 동학의 평등사상을 접하고 새로운 세상을 꿈꾸게 되었다. 1900년 15세가 된 그는 서울로 올라와 기독교 선교사가 설립한 배재학당에 입학한다. 이렇게 서양의 근대문물을 익히고 세계정세에 눈을 뜨며 친척이었던 여병현과 이상재 등을 만나 교류했다. 그리고 신민회 설립자인 도산 안창호의 연설에 감동을 받고 독립운동에 뛰어든다. 1907년 전개된 국채보상운동에 참여하여 양평 장터에서 담배를 끊어 국채를 갚자는 강연을 하며 본인도 술과 담배를 끊었다고 한다. 독립이 되기 전에는 절대로 술과 담배를 입에 대지 않겠다고 했고 해방 후 친지들이 술 담배를 권하였으나 통일이 된 다음에야 하겠다며 거절했다. 뿐만 아니라 몽양은 고향 묘골에 기독광동학교를 설립했다. 교육을 통하여 좋은 인재를 양성하면 동양 전체를 널리 비출 수 있을 것이라는 기대를 품고 광동光東이라는 이름을 붙였다고 한다. 동대문 밖 동쪽의 첫 번째 근대학교이기도 했던 광동학교는 지리, 역사, 산술 그리고 성경까지 가르쳤다. 또한 몽양은 1908년 부친의 장례를 마친 뒤 상투를 자르고 신주단지를 깨버리며 노비를 불러 이렇게 말했다고 한다.

> "그대들을 다 해방하노라. 지금부터 각기 자유롭게 행동하라. … 오직
> 인간은 태어날 때부터 평등하니, 주종의 예는 어제까지의 풍습이요,
> 오늘부터는 그런 구습을 탈피하고 제각기 알맞은 직업을 찾아가라."

그 후 몽양은 서울 승동교회 찰스 클라크Charles A. Clark. 곽안련목사의 조사로 활동하며 강릉 초당 의숙 교사로 초빙되어 학생들을 가르치기도 했다. 1910년 국권을 빼앗기고 초당 의숙이 폐교되어 다시 서울로 돌아왔다. 그리고는 서울YMCA 운동 부장을 맡아 근대 체육 보급에 앞장섰는

데 1912년 직접 YMCA 야구단을 이끌고 일본 도쿄를 방문하기도 했다. 1912년 평양신학교에 입학했으나 학업을 마치지 않고 2년 후인 1914년 중국 유학길에 오른다.

신한청년당, 3·1운동을 기획하다

중국으로 유학을 떠나 난징 금릉대학 영문과에 입학한 후 다양한 지도자들과 교류하였고 1918년 상해에서 서병호, 조동호, 장덕수 등과 함께 신한청년당을 조직하였다. 마침 미국의 윌슨Thomas Woodrow Wilson 대통령의 특사 찰스 크레인Charles R. Crane이 상해로 와 민족자결주의 원칙이 담긴 강연을 하였고 그를 직접 만난 몽양은 파리강화회의에 우리의 독립을 호소하기 위한 특사를 보낼 기회라고 판단했다. 중국 톈진에 있던 김규식을 초청해 파리강화회의에 파견하였고 장덕수는 국내로 보내고 이광수는 동경에 보냈다. 그리고 자신은 만주와 연해주로 떠났다. 간도 대통령으로 불린 김약연, 정재면 등을 만났고 블라디보스토크에서는 박은식, 이동녕을 만나 세계의 정세와 독립운동의 방향을 논의했다. 몽양과 신한청년당의 활동은 일본 동경YMCA에서 발표된 「2·8독립선언」과 만주 길림에서 발표한 「대한독립선언무오독립선언」에도 영향을 주었다. 이러한 해외 독립선언의 영향이 국내 지도자들에게도 알려져 3·1만세운동과 대한민국 임시정부 수립이라는 결과로 이어질 수 있었다.

기념관 내부에 몽양의 생각이 잘 반영된 글 하나가 눈에 띄었다. '임연선어 불여퇴이결망臨淵羨魚 不如退而結網'으로 '연못에서 물고기를 탐

내는 것은 물러가서 그물을 짜는 것만 못 하다'는 말이다. 누구나 바랄 수 있고 꿈꿀 수 있으나 그것을 이루기 위해 준비하고 행동으로 옮기는 것이 더 중요하다는 뜻을 품고 있는 글이다. 이러한 몽양의 자세는 신한청년당의 활동과 더 큰 민족운동으로 발전하는 원동력이 되었다.

일본의 심장에서 조선의 독립을 외치다

임시정부 외무부 차장에 임명된 몽양은 일본 내각의 초청을 받는다. 일본의 의도는 체포된 장덕수를 통해 3·1운동의 기획 배경에 몽양이 있다는 것을 파악하고 그를 자치운동으로 회유하고 임시정부를 분열시키고자 한 의도였다. 임시정부 안에서는 몽양의 일본행을 비판하는 목소리도 있었고 심지어 친일파라는 목소리도 있었다. 하지만 몽양은 설령 죽더라도 조선의 독립 의지를 만천하에 알릴 기회로 여겨 일본행을 선택한다. 그의 행동에 국무총리 이동휘는 불만을 나타내며 포고 제1호를 발표, 몽양의 동경행은 임시정부 차원이 아닌 개인행동으로 선을 그었다. 그러나 임시정부에 함께한 안창호는 "몽양의 국가를 위하는 열렬한 충성에 대해서 나는 절대로 신임합니다."라고 응원을 보냈다. 그 응원에 답이라도 하듯 1919년 11월 27일, 동경 제국 호텔에 모인 일본의 고위인사들 앞에서 몽양은 연설을 통하여 우리 민족의 독립 의지와 정당성을 크게 떨쳤다.

"우리가 건설하려는 새 나라는 주권이 국민에게 있는 민주공화국이다.

이 민주공화국은 조선 민족의 절대적 요구일 뿐 아니라 세계 대세가 요구하는 것이다. 싸우지 아니하고는 인류가 누릴 자유와 평화를 못 얻을 것인가? 일본 인사들은 깊이 반성하라."

그의 연설에 대해 다나카田中 義一 육군상은 조선인 이천만을 다 죽일 수도 있다고 협박했으나 그는 이렇게 응대했다.

"조선인 2천만 명을 다 죽일 수도 있고 나의 목을 벨 수도 있을 것이다. 그러나 2천만 명의 혼까지 죽일 수는 없을 것이고 나의 마음까지 벨 수는 없을 것이다. 하물며 내가 지닌 일편단심 조국애와 영원불변한 독립정신까지 벨 수 있겠는가."

그의 연설과 주장은 일본인조차도 박수갈채를 보낼 만큼 탁월하고 명확했다. 요시노 사쿠조吉野 作造 동경제국대학 법학 교수는 '중국, 대만, 조선의 다양한 사람들과 회담한 적이 있으나 교양 있고 존경할만한 인격으로서 여운형 같은 사람은 보기 드문 뛰어난 사람'이라고 평가했다. 동경 제국호텔에서 몽양의 연설이 끝나자 일본 정치계는 발칵 뒤집혔다. 불령선인不逞鮮人, 일제 식민통치를 반대하는 불온하고 불량한 조선인을 지칭하는 일본어을 초대해 일본 땅 한 가운데에서 독립을 외치게 했다며 비판의 목소리가 쏟아졌다. 하라 내각은 책임 여론에 밀려서 사퇴했고 내각이 새로 구성되는 초유의 사태가 발생했다. 그의 일본행에 반대했던 이동휘조차도 몽양의 연설이 큰 항일운동이 되었음을 공식 인정했고『독립신문』의 논설에서도 '독립운동사에 있어 유래 없는 성과'라고 표현할 만큼 몽양의 연설을 높이 평가했다.

감옥에서의 깨달음, 스스로 힘을 기르자

몽양은 상해로 돌아와 1920년대 활발한 외교활동을 펼쳤다. 중국의
혁명가 쑨원孫文은 물론 중국 국민당 지도자인 장제스와 공산당 지도자
인 마오쩌둥毛澤東, 소련의 지도자 레닌Влади́мир Ильи́ч Ле́нин 과 트로츠
키Лев Дави́дович Тро́цкий 와도 교류하고 베트남의 호찌민Hồ Chí Minh과
도 교류할 만큼 폭넓게 조선의 독립과 동아시아의 평화를 위해 노력했다.
그러던 중 몽양은 1929년 상하이 야구장에서 관람 도중 일본 경찰에 체
포되어 조선으로 압송되었다. 이때 체포되는 과정에서 심한 몸싸움으로
한쪽 귀 고막을 다쳐 평생 듣지 못하게 되었다. 조선으로 압송된 몽양은
1930년 4월 9일 재판을 받았다. 몽양이 조선으로 돌아온다는 소식에 서
울역에 수많은 인파가 몰렸고, 그의 재판과정을 보기 원하는 사람들이 법
원으로 몰려들었다. 그만큼 몽양을 향한 국민들의 지지와 기대가 컸다. 재
판을 마치고 3년의 옥살이에서 그가 깨달은 것은 외세 의존이 아닌 민족
자존의 힘을 길러야 한다는 것이다.

"내가 독립운동에서 실패한 이유는 큰 나라에 의존해서 독립하려 했
기 때문이다. 나는 어리석게도 미국이 조선의 독립을 선사해 주리라
기대했고, 일본의 이성에 호소해서 스스로 침략을 포기하게 하려고 하
였다. 또한 소련이나 중국의 힘에 의거해 보려고도 하였다. 자기 인민

의 힘을 가지고 자기 손으로 독립해야 한다는 입장과 자세가 서지 못

한 것이 실패의 원인이었다."

언론사 사장, 조선 체육의 아버지

몽양은 출옥 후 1933년 『조선중앙일보』 사장으로 취임했다. 일제강

점기 신문의 영향력은 상당했다. TV나 다른 매체가 없던 시절 신문에 실

리는 글의 영향력은 대단했기 때문이다. 당대 뛰어난 지식인들은 신문을

통하여 자신의 의견을 펼쳤다. 그는 취임한 후 중국의 『중앙일보』와는 구

분하여 신문의 이름을 『중앙일보』에서 『조선중앙일보』로 바꾸었다. 그리

고 일제의 정책에 대해 그 실제를 반박하는 글과 협력한 친일파들을 날카

롭게 비판하는 글을 실었다. 구독자가 적었던 신문사는 몽양의 사장 취임

으로 단번에 『조선일보』, 『동아일보』와 함께 3대 신문으로 성장했다. 그러

나 그는 신문사의 수익과 재정을 높이는 것에 매진하지 않았기에 『조선일

보』나 『동아일보』보다 형편이 좋지 않았다. 오히려 사람들의 눈길을 끌지

않는 다양한 사회문화 활동 보급에 앞장섰다. 그 대표적인 예가 충남 아

산의 이순신 장군 묘를 정비하는 사업을 추진한 것이다.

몽양은 체육과 스포츠에도 상당한 관심을 가져 한국 스포츠 체육사

에도 큰 업적을 남겼다. 상해 유학 시절부터 한인체육회장을 맡았고 하지

못하는 운동이 없는 만능 스포츠맨이었다. 『조선중앙일보』 사장 취임 이

후 경성 축구단 이사장, 농구협회 회장, 육상경기연맹 회장 등 해가 거듭

될수록 맡게 된 타이틀이 늘어갔다. 몽양은 건전한 정신은 건강한 육체에

서 나온다고 여겨 1934년 『현대철봉 운동법』이란 책을 발간해 직접 운동법을 소개하기도 했다. 책에는 당시 파격적이라 할 수 있는 웃옷을 벗은 몽양의 상반신도 실려 있다. 당시 몽양은 『조선중앙일보』 사장이자 조선체육회 회장을 맡아 체육대회를 개최하고 후원하고, 우리나라 최초로 신문에 스포츠 지면을 만들고, 각종 체육대회에 참석했는데 그 중심에 청년들과의 교류가 있었다. 당시 몽양은 청년들에게 인기 있는 결혼 주례자이기도 했다.

"나는 청년은 내 남을 가리지 않고 좋아한다. 무릇 청년은 진리와 정의를 위해서는 목숨도 아끼지 않는 불 가슴을 안고 있기 때문이다."

1936년 베를린 올림픽 당시 청년들은 올림픽 참가에 대해 망설이고 있었다. 과연 일장기를 달고 나가는 것이 옳은 것인지 고민했기 때문이다. 이런 일화도 있다. 몽양 선생의 아들 여홍구와 친구 사이였던 마라톤 선수 손기정이 몽양에게 베를린 올림픽 출전 여부를 물었다고 한다. 몽양은 손기정에게 일장기를 가슴에 달고 나가는 건 원통한 일이지만 그래도 나가서 조선 민족의 우수성을 전 세계에 보여주어야 한다며 출전을 권했다고 한다. 그 후 몽양은 베를린 올림픽 출전 선수환송회에서 이렇게 말했다.

"제군들은 비록 가슴에는 일장기를 달고 가지만, 등에는 한반도를 짊어지고 간다는 것을 잊어서는 안 된다."

그렇게 손기정 선수는 한반도를 짊어지고 달렸고 세계신기록을 세우며 마라톤 금메달리스트가 되었다. 『조선중앙일보』는 1936년 8월 13일자 기사에서 손기정 선수의 가슴에 새겨진 일장기를 지우고 사진을 실었다. '일장기 말소사건'이다. 다행히 『조선중앙일보』의 인쇄기 품질이 좋지 못해 검열을 통과할 수 있었으나 그 뒤를 이은 『동아일보』에서 일장기를 지운 사진은 품질이 좋게 나와 총독부 검열에 걸렸고 그로 인해 앞서 일장기를 말소한 『조선중앙일보』, 『동아일보』 모두 신문사 문을 닫게 되었다.

조선건국준비위원회, 해방 정국을 이끌다

1940년대 일본은 국내적으로는 창씨개명, 학병강요, 황국신민, 신사참배 등을 강요했으나 한편으로 몽양을 동경으로 불러 향후 세계에 대한 논의 등 자신들의 불안한 상황을 노출했다. 몽양은 일본이 곧 패전할 것으로 예견하고 조선이 해방된다면 당장의 혼란을 막기 위한 건국 준비가 되어야 한다고 판단했다. 그렇게 1944년 8월 서울 종로에서 조선건국동맹이 조직되었다. 건국동맹은 민족주의자와 사회주의자 모두를 망라하며 조직되었고 해외 독립운동단체와도 연대를 추구하며 전국에 지부와 조직을 갖추어갔다. 일본의 패망이 눈앞에 온 1945년 8월 14일 연락을 받고 다음 날 아침 조선총독부 정무총감 엔도 류사쿠遠藤隆作의 관저에서 정무 총감을 만났다. 엔도 정무 총감은 몽양에게 '자신들을 포함한 조선에 거주하는 일본인들이 안전하게 일본으로 돌아갈 수 있게 해 달라'고 요청하였고 선생은 5개항 보장을 전제로 수락한다.

- 모든 정치범, 경제범을 즉시 석방할 것.
- 당장 경성 시민이 먹고살 수 있을 3개월 치 식량을 확보해줄 것.
- 조선이 주체적으로 하는 치안 유지와 건설사업에 간섭하지 말 것.
- 학생 청년의 훈련과 조직에 간섭하지 말 것.
- 조선의 노동자들에게 괴로움을 주지 말 것.

그렇게 건국동맹은 행정권과 치안권을 넘겨받았다. 김구가 이끄는 임시정부는 중경, 김두봉의 조선독립동맹은 연안, 만주 세력은 하바로프스크 등으로 멀리 떨어져 있던 시기에 민중을 중심으로 한 자주성과 주체성을 보여준 유일한 조직, 단체가 바로 건국동맹이었다. 다수의 민중에게 독립의 소식이 알려진 것은 8월 16일이었다. 그날 몽양은 종로구 계동 휘문중학교 운동장에 모인 많은 인파 가운데 연설에 나선다.

"우리는 지난날의 아프고 쓰라린 것을 다 잊어버리고 이 땅에 합리적이고 이상적인 낙원을 건설하여야 합니다. 개인의 영웅주의는 단연 없애고, 끝까지 일사불란한 단결로 나아갑시다. … 이제 곧 여러 곳에서 훌륭한 지도자가 들어오게 될 터이니 그들이 올 때까지 우리들의 힘은 적으나마 서로 협력하지 않으면 안 될 것입니다."

몽양은 자신을 믿고 따르라고 말하지 않았다. 국내에서 청년, 대중과 함께 평생 독립운동에 앞장섰고 일본 정부와 총독부조차 그와 상대했건만 그는 자기보다 훌륭한 지도자들이 돌아올 것을 기다린다고 하였다. 그러나 민중은 알고 있었다. 그가 얼마나 열정적인 위대한 지도자이며 말과 행동이 일치한 진실한 사람이었는지 말이다. 1945년 12월 당시 몽양의 인기는 조선을 이끌어 갈 양심적인 지도자, 일제강점기 최고 혁명가로 여론조사 1위에 뽑힐 정도였다. 이런 몽양은 건국동맹을 건국준비위원회 건준라는 이름으로 바꾸고 중앙과 각 지역에 지부를 확대 개편하며 145개의 지부를 마련하는 등 발 빠르게 움직였으나 연합국은 38선을 그어 북쪽은 소련군이 남쪽은 미군이 들어와 군정을 실시한다는 방침을 밝히고 특별히 미군은 건준을 비롯한 남쪽의 모든 정당을 부정했고 임시정부 또한 개인 자격으로 귀국할 것을 허락한다.

하나 된 통일 민주국가를 꿈꾼 혁명가

몽양은 중도 좌익의 성향으로 중도 우익이던 김규식, 안재홍과 함께 좌우합작을 추진했으나 난관에 부딪힌다. 김구가 복귀한 후 임시정부 중심으로 세력을 모으며 사회주의를 경계했고 이승만은 귀국 후 한민당과 손을 잡고 국내 세력을 모아가고 있었다. 박헌영은 완전한 공산주의 노선을 취하며 건준 세력을 자기 쪽으로 변화시키려 하였다. 미군정은 건준의 공산화를 우려하기도 했으나 몽양과의 관계를 유지하며 그의 중도 노선을 지지하기도 하였다. 모스크바 3상 회의에서 신탁통치가 결정되고 미소공동위원회가 열렸으나 결렬된다. 그리고 이승만은 정읍에서 남한만이라도 단독정부를 수립해야 함을 역설한다.

"단독정부 수립은 결코 반대다. 그 결과는 10년이 지나도 고칠 수 없
는 민족 분열이다. 현재 통일의 암은 각 진영의 이해관계다."

몽양은 임시정부의 법통 주장을 반대했고 극단적인 공산주의 노선
도 부정했기에 좌우 양 진영 모두에게 비판과 공격을 받았다. 끊임없는
테러와 공격으로 10여 차례의 납치와 피습이 이어졌고 자택에 폭탄이 터
지는 일까지 발생했다. 좌우를 하나로 통합하려는 노력은 혹독한 위협이
있던 일제강점기 독립운동보다 더 큰 어려움이었고 결국 같은 동포의 총
에 맞아 눈을 감는 애석한 일이 벌어졌다. 몽양이 서거하기 얼마 전 미군
정청 사령관 존 하지John Reed Hodge는 잇따른 테러의 위협을 받는 몽양
을 보호하려 미군 헌병을 경호원으로 붙여주려 했으나 몽양은 이를 거절
하며 이렇게 말했다고 한다.

"대중과 함께 살아 온 내가 어찌 대중으로부터 스스로 격리되겠는가?"

해방 후에도 체육계를 이끌며 IOC 가입 기념으로 서울 운동장에서
열린 한국과 영국의 친선 축구 경기를 관람한 후 집으로 향하던 중 혜화
동로터리 부근에서 트럭 1대가 갑자기 나타나 몽양의 차를 가로막았고
뒤이어 백의사 단원으로 알려진 한지근이라는 청년이 차로 달려가 몽양
을 향해 권총을 쏘았고 몽양은 병원으로 옮기던 중 눈을 감았다. 너무도

안타까운 죽음이었다. 시인 이기형은 몽양이 남긴 마지막 말을 기억하며 이렇게 추모했다.

오호라!
조선 민족의 대지도자 몽양 여운형 선생은
반역의 백색테러의 흉탄에 향년 62세의 일기로 큰 별은 떨어졌다.
이 세상에 남긴 마지막 말씀은 '조국' '조선'이었다.

1947년 8월 3일 서울운동장_{동대문운동장}에서 몽양의 영결식을 치렀다. 그의 마지막 길은 저격당한 혜화동 로터리를 지나 우이동 묘역에 안장되었다. 그의 시신은 포르말린으로 방부 처리되어 쇠로 만들어진 관에 안치되었는데 통일이 되는 날 다시 장사를 지내기 위함이라고 한다. 좌우합작, 남북평화를 외치며 끝까지 민족자존의 힘을 가진 국가를 만들려 했던 몽양 여운형 선생. 그가 그렇게 떠나며 극단적으로 치우친 정치는 또 다른 테러와 반목을 불러왔고 급기야 한국전쟁으로 돌이킬 수 없는 상처를 남겼다. 21세기를 살아가는 오늘도 우리 사회는 좌우의 분열, 남북의 대립, 해결치 못한 역사 청산이라는 어려운 과제를 갖고 있다. 남북한 모두에서 존경받는 독립운동가 몽양 여운형! 한반도 통일의 시대를 꿈꾸며 몽양 여운형 선생의 장례가 다시 치러지는 날을 손꼽아 기다린다.

"조선인 2천만 명을 다 죽일 수도 있고
나의 목을 벨 수도 있을 것이다.
그러나 2천만 명의 혼까지 죽일 수는 없을 것이고
나의 마음까지 벨 수는 없을 것이다.
하물며 내가 지닌 일편단심 조국애와
영원불변한 독립정신까지 벨 수 있겠는가."

❶ 양평 묘골 애오와공원

❷ 양평 몽양 여운형 선생 기념관(1층), 생가(2층)

❸ 신한청년당_앞줄 맨 왼쪽 여운형, 맨 오른쪽 김규식

❹ 조선 스포–쓰 도장 내 팔씨름 결투 체험장

❺ NH농협 종로지점(구 조선중앙일보사옥)

❻ 기념관 내 크로마키 사진 촬영장

❼ 여운형 선생 암살 당시 입었던 옷

함께 걷는 독립운동의 길

옛 조선중앙일보 건물   한국의 집
(옛 정무총감 관저)   여운형 묘소

몽양 여운형
생가·기념관   손기정기념관   혜화동로터리

몽양여운형 생가 기념관
몽양 여운형 선생 생가 기념관은 자주독립과 평화통일을 위해 일생을 바친 조선건국준비위원회를 이끈 지도자 여운형 선생의 삶과 정신을 기리고자 옛 생가터를 복원하고 기념관 문을 열었다. 기념관 앞에는 기독광동학교, 조선 스포–쓰 도장 등이 마련되어 함께 둘러볼 수 있다.

옛 조선중앙일보 사옥
종로에 자리한 이 건물은 조선일보, 동아일보와 함께 3대 신문으로 꼽힌 조선중앙일보 사옥으로 사용된 건물이다. 여운형 선생은 조선중앙일보 사장을 맡아 스포츠 지면을 처음 싣는 등 다양한 사회면을 다루었고 손기정 선수의 '일장기 말소사건'으로 고초를 겪기도 했다.

옛 정무총감 관저
총독부 2인자로서 행정사무를 통할 감독하는 정무총감이 거처하던 곳으로 해방을 목전에 두고 이곳에서 몽양 여운형 선생과 엔도 정무총감이 만남을 가졌다. 현재 1957년 공보실 주관으로 이곳에 한국의 집(코리아 하우스)을 설립했다.

여운형 묘소
혁명가는 침상에서 죽는 법이 없다고 말한 선생은 혜화동 로터리 한복판에서 총상을 입고 숨진 뒤 우이동 현재의 자리에 묻혔다. '나를 통일된 땅에서 다시 한 번 장례를 치러 달라'는 말을 남겼던 여운형 선생이 잠든 곳이다.

호남형 외모, 명연설, 조선 스포츠맨 등등 치명적인 매력의 소유자라는 말이 어울리는 지도자. 그의 눈빛은 나이가 들어서도 소년 같은 눈망울 이었다. 만약 그가 해방 후에도 죽지 않고 계속 활동했다면 조국은 얼마나 더 진취적인 나라가 되었을까. 늘 역동적이고 청년같이 살았던 그의 삶을 표현했다. Hexter

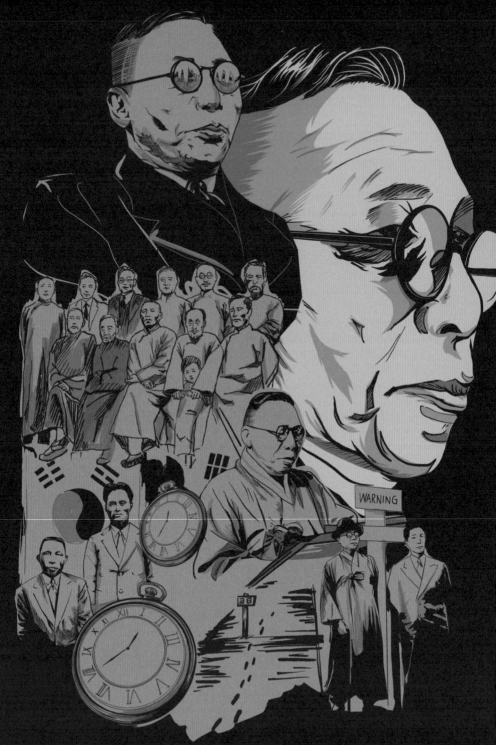

MILESTONE

국권회복 조국독립 통일한국에 일생을 바친 민족의 지도자 ___ 김구

"네 소원이 무엇이냐?"하고 하나님이 내게 물으시면 나는 서슴지 않고

"내 소원은 대한 독립이오."라고 대답할 것이다.

"그 다음 소원은 무엇이냐?"하면 나는 또

"우리나라의 독립이오." 할 것이요. 또

"그 다음 소원이 무엇이냐?"라는 셋째 번 물음에도 나는 더욱 소리를 높여서

"나의 소원은 우리나라 대한의 완전한 자주독립이오."하고 대답할 것이다.

-『백범일지』 중

한국인들이 가장 존경하는 독립운동가 중 한 사람 백범白凡 김구 1876~1949. 수많은 어려움과 독립운동 노선 갈등에도 '하나 된 민족의 온전한 독립'이라는 평생의 생각을 지켜가며 국권회복운동, 항일독립운동,

민족 통일운동에 삶을 던지다 총탄에 쓰러진 김구! 이번 답사에서는 김구 선생이 마지막 3년을 고뇌하며 머물던 경교장과 효창공원 백범김구기념관과 묘역을 찾아 그의 삶을 되짚어 보았다.

경교장과 효창공원

해방 후 미군정의 명령으로 임시정부 주석이 아닌 개인 자격으로 귀국한 김구 선생은 잠시 조선호텔에 머물렀으나 곧 최창학이 자신의 서대문 '죽첨장竹添莊' 저택을 기증하면서 그곳에 머무르게 된다. 백범은 근처에 있는 경교京橋, 경구교라는 이름을 가져와 죽첨장이란 옛 이름을 경교장이라 불렀는데 현재 강북삼성병원 내 자리하고 있다. 높은 병원 건물을 돌아 주차장에 이르면 세월의 시간을 간직한 경교장이 눈에 들어온다. 해방 후 백범은 이곳에 머물며 임시정부 요인들과 함께했고 많은 동지와 인사들을 만나며 민족의 완전한 독립과 하나 된 국가 건설을 위해 매진하였다. 건물 내부로 들어서면 지하에는 경교장의 역사와 임시정부의 역사, 그리고 백범이 걸어온 길에 대한 안내가 있고 1층에는 응접실과 사무실, 귀빈식당 등의 공간이 복원되어 있다. 2층으로 오르면 백범의 침실과 집무실, 그리고 임시정부 요인들의 숙소 공간이 옛 모습을 재현하고 있다. 무엇보다 시선을 끄는 장소는 백범이 안두희의 총탄에 맞은 자리와 유리창의 총탄 흔적이다. 당시 백범의 서거 소식에 수많은 인파가 경교장 앞마당에 엎드려 울던 장면은 고스란히 사진으로 남아있다. 얼마나 원통했을까? 그토록 이루고 싶었던 해방이 찾아왔으나 분단이라는 현실을 넘지 못하고 급기야 저격당하며 숨을 거둔 백범 김구. 경교장은 해방 후 4년이 채 못 되는 시간 동안 백범의 고뇌와 여러 생각이 함께 머물러 있는 무거운 공간처럼 느껴졌다.

기념관 내부를 꼼꼼히 돌아본 후 발길을 돌려 효창공원으로 향했다. 효창공원 옆으로 자리한 숙명여대 인근에는 식민지역사박물관이 세워졌다. 박물관에서 일제강점기 저항의 역사를 살펴본 후 효창공원에 다다랐다. 조선 정조의 첫째 아들인 문효세자의 묘가 있던 곳이었으나 일제는 왕실의 묘원과 궁궐을 격하시킬 목적으로 1944년 문효세자와 가족들의 묘를 서삼릉으로 옮기고 이곳을 공원화하였다. 일본이 공원으로 만든 그 자리에 백범은 해방 후 함께 독립운동을 하다 먼저 세상을 떠난 동지들의 유해를 모셔온다. 1946년 윤봉길, 이봉창, 백정기의 유해를 모셔와 '삼의사 묘역'을 조성하였고 이듬해 이동녕, 차리석 등의 '임정 요인 묘역'을 조성하였다. 그리고 본인도 2년 뒤 안두희의 총탄에 쓰러져 이곳에 잠들게 되었다. 백범김구기념관은 2002년 효창공원에 잠든 김구 선생의 묘 옆에 문을 열었다. 기념관에서 그의 삶을 되짚어 보고 묘역을 참배하기로 했다. 기념관 로비에는 대형 태극기를 배경으로 김구 선생이 의자에 앉아 있는 기념물이 있었다. 자연스레 그의 평생의 삶에 존경을 표하며 내부관람을 시작했다.

청년 김구, 세상에 뛰어들다

백범의 어린 시절 이름은 '김창암'이었다. 1876년 강화도조약이 체결되고 본격적인 개화의 바람이 부는 때에 태어난 창암은 양반들에게 천대받는 것이 싫어 과거 공부에 매진하였으나 당시 부정부패가 심했던 과거시험에서 돈을 쓰지 않고 합격한다는 것은 불가능함을 깨닫고 과거 급제를 포기한다. 혼란한 세상에 더는 과거시험에 매달리지 않기로 마음먹고 새로운 길, 새로운 세상을 찾게 된다. 그렇게 그가 처음 찾은 모임이 동학이었다. 그는 동학교도들이 서로를 평등하게 대하고 존중하는 모습에서 크게 감동하였고 이 무렵 이름을 '창수'로 바꾸었다. 열정적으로 동학운동에 참여하여 접주동학에서 한 교구의 책임자까지 올랐으나 동학군간의 갈등과 관군과 일본군의 동학군 토벌 등으로 동학운동은 오래 지속할 수 없게 되었다. 10대 후반에 동학운동을 겪고 우리 땅에서 일어난 청일전쟁을 겪으며 청년 창수는 고민한다. 하지만 청년 창수가 동학 운동에 참여한 시간은 결코 실패한 경험은 아니었다. 오히려 그의 앞날에 소중한 밑거름이 되었기 때문이었다.

그 후 백범은 안중근 의사의 아버지 안태훈과 스승으로 모셨던 고능선 등을 만나 사상의 기반을 다지게 되었다. 그러던 중 그는 일본의 낭인들에 의해 국모가 시해되었다는 소식을미사변, 1895을 듣고 분노한다. 백범은 1896년 황해도 치하포에서 한인 복장을 한 일본인 쓰치다 조스케土田讓亮를 명성황후를 살해한 미우라 고로三浦梧楼 일본공사와 낭인 중 하나로 오해한 나머지 왕비의 원수를 갚겠다며 그를 살해한다. 그로 인해 인천 감옥에 수감되어 사형을 선고받았다. 그러나 창수에게는 아직 김구라는 이름으로 살아갈 운명이 남아있었던 모양이다. 당시 서울과 인천을 연결하는 전화가 개통된 지 사흘이 되었는데 사형 집행 직전 고종의 전화 한 통으로 사형 집행이 취소되어 목숨을 지킬 수 있게 된 것이다. 고종은 어느 청년 한 명이 국모 시해의 울분으로 일본인을 죽이고 자신도 사형 집행을 앞두고 있다는 소식을 안타깝게 여겨 사형 집행을 멈추도록 명령한 것이다. 그러나 몇 년이 지나도 감옥 생활이 언제 끝날지 알 수 없게 되자 탈옥을 결심한다. 탈옥 후 오갈 곳 없던 창수는 삼남 지방으로 내려와 충남 공주 마곡사라는 절에서 '원종'이란 이름으로 잠시 승려의 생활을 했다. 그러나 그는 속세를 떠나 살기보다 세상 속에서 세상을 변화시키는 길을 선택한다.

그리고 을사늑약을 전후하여 상동 청년회와 함께 국권회복운동에 앞장섰고 1907년 신민회에 가입해 황해도지부 총감으로 활동하였다. 안악 양산학교 교사, 재령 보강학교 학교장 등 교육에도 큰 열의를 보이며 활동을 이어갔다. 국권을 빼앗길 무렵 안악 사건과 105인 사건에 연루되어 체포되었고 서대문형무소로 이송되었다. 서대문형무소에서 심한 고문을 받으며 몇 번이나 기절하고 깨어나기를 반복했지만 좋은 동지들을 얻는 시간이 되었다. 그는 감옥에서 이름을 김구金龜에서 김구金九로 호를 백범白凡으로 고치는데 이는 백정白丁과 범부凡夫라도 현재의 자신 정도의 애국심은 되어야 완전한 독립을 이룰 수 있겠다는 바람으로 바꾼 것이다.

전시관 1층이 3·1운동 이전의 활동이 중심이라면 2층으로 오르면 3·1운동 이후 임시정부의 활동들이 전시되어 있다. 2층 계단을 오르면 제일 먼저 큰 사진이 눈에 들어온다. 임시정부 요인들의 단체 사진이다. 아는 이보다 모르는 인물이 더 많지만 이름도 없이 멀리 타국에서 독립을 위해 헌신하고, 맡은 역할을 감당하신 분들에게 존경하는 마음이 들었다.

임정 로드, 독립운동에 뛰어들다

백범은 1919년 3·1운동 직후 압록강을 건너 단둥을 거쳐 상해로 이동한다. 백범과 임시정부의 오랜 인연이 시작되는 순간이다. 한성정부와 연해주 등에 세워진 임시정부는 9월 상해에 통합임시정부를 출범시키는데 이때 백범은 안창호를 만나 임시정부의 문지기라도 써 달라 청을 했고 내무 총장 안창호는 그를 경무국장에 추천하여 세웠다. 경무국은 오늘날 경찰과 치안에 관한 업무를 하는 곳으로 경무국장이면 오늘날 경찰청장에 해당한다.

통합임시정부를 출범시켰으나 통합은 쉽지 않았다. 백범은 경무국장에서 임시의정원 의원, 그리고 1922년에는 내무총장직을 맡았는데 당시 임시정부는 독립운동의 노선 갈등, 임시정부의 존립에 대한 창조파와 개조파 등으로 나뉘어 내부 갈등이 심했다. 백범은 내무 총장 자격으로 임정 고수를 지지하며 임시정부를 지키지만 국민대표회의 후 많은 지도자는 서로의 독립운동 방향을 주장하며 상해를 떠났다. 결과적으로 독립운동 노선에 이견을 보이고 떠나자 임시정부는 역량을 하나로 모으지 못했고 인력 부족과 재정 부족으로 위기에 처했다. 그중에도 재정적으로 큰 어려움을 겪었는데 정부 청사 임대료 월세 30원을 내지 못해 주인에게 고발당하기도 하고 청사 직원 일부는 급여를 받지 못해 떠나거나 소송을 제기하기까지 했다.

한인애국단, 청년들이 목숨을 걸다

1931년 백범은 어려운 임시정부 활동 속에서도 일본 정부 주요 인사들을 암살할 목적으로 한인애국단을 조직한다. 그리고 그해 말 일본어에 능한 한 청년이 그를 찾아온다. 이봉창 의사다. 『백범일지』에는 이봉창이 백범을 만나 나눈 이야기가 실려 있다.

> 제 나이가 31세입니다. 앞으로 다시 31년을 더 산다 해도 과거 반생에서 맛본 방랑 생활에 비한다면 늙은 생활에 무슨 취미가 있겠습니까? 인생의 목적이 쾌락이라면 31년 동안 인생의 쾌락은 대강 맛보았습니다. 그런 까닭에 이제는 영원한 쾌락을 얻기 위하여 우리 독립 사업에 헌신하고자 상해에 왔습니다.

이봉창은 히로히토裕仁 일왕의 즉위식 행차에 구경을 갔다가 예비검속에 걸려 유치장에 잡혀갔었다. 대부분의 사람들은 조사 후 풀려났지만 자신은 조선인이라는 이유로 유치장에 남게 된다. 그리고 그때 그는 나라의 중요성, 자신의 정체성 등을 고민한다. 그 후 조국 독립에 대한 뜻을 세우고 찾아온 곳이 상해 임시정부였다. 이봉창은 동경에서 일왕의 행렬 앞에 엎드려 기다렸던 것을 생각하며 이럴 때 자신에게 폭탄이 있었다면 일왕을 죽일 수 있지 않았을까 생각했다고 한다. 그런 포부를 밝히자 백범은 그의 진심을 알아보았고 그렇게 일왕을 처단하려는 계획을 극비리에 진행하였다. 이봉창은 1932년 1월 8일 일본 수도 동경 경시청 앞을 지나는 일왕의 마차에 폭탄을 던졌다. 아쉽게도 일왕을 처단하는 일은 성공하지 못했으나 그의 행동은 많은 일본인의 가슴을 서늘하게 만들었다. 그는 현장에서 체포되어 사형선고를 받고 세상을 떠났다. 그때 나이 31세였다. 이봉창의 의거는 식민지 현실에 힘겨워하며 버텨가던 이들에게 큰 힘이 되었다. 그리고 임시정부의 위상을 높이는 계기가 되었다. 자신도 조국을 위해 목숨을 바치겠다는 청년들이 임시정부에 하나둘 찾아오기 시작했고 멀리서 재정적 후원도 다시 보내왔다.

그때 백범을 찾아 온 또 다른 젊은이가 윤봉길이다. 상해에 머물며 독립운동가들과 친분을 쌓아가던 윤봉길은 이봉창의 의거 소식을 듣고 한인애국단의 존재를 알게 된다. 그리고 그는 백범을 찾아왔다. 4월 29일 홍커우공원虹口公園에서 일본의 민,관,군 3만여 명이 일왕의 생일인 천장절 및 상해 점령 축하기념식을 거행한다는 소식을 듣고 이날을 거사일로 정한다. 이봉창과 같이 윤봉길도 선서문을 목에 걸고 폭탄과 권총을 양손에 든 채 마지막 사진을 남겼다. 그리고 그날 밤 조국 청년들에게 그리고 태어나지 않은 둘째 아들과 첫째 아들에게 하고픈 말을 유서로 남겼다.

너희도 만일 피가 있고 뼈가 있다면

반드시 조선을 위해 용감한 투사가 되어라

태극의 깃발을 높이 드날리고

나의 빈 무덤 앞에 찾아와

한 잔 술을 부어놓아라

그리고 너희들은 아비 없음을 슬퍼하지 말라

사랑하는 어머니가 있으니

어머니의 교양으로 성공자를

동서양 역사상 보건대

동양으로 문학가 맹가가 있고

서양으로 불란서 혁명가 나푸레옹이 있고

미국에 발명가 에듸손이 있다

바라건대 너의 어머니는 그의 어머니가 되고

너희들은 그 사람이 되어라

4월 29일 거사 당일 아침 윤봉길은 백범과 식사를 한 후 자신의 시계와 백범의 시계를 교환한다.

"제 시계는 어제 선서식 후 선생님의 말씀에 따라 6원을 주고 구입한

것인데, 선생님 시계는 불과 2원짜리입니다. 저는 이제 1시간밖에 더

소용이 없습니다."

25살 한 청년이 1시간 후 끝낼 자신의 삶을 정리하며 말하는 순간이었다. 이 말을 하는 윤봉길의 마음이나 이 말을 듣는 백범의 마음은 어땠을까? 그렇게 시계를 맞바꾸고 차에 오르며 윤봉길은 갖고 있던 얼마 안

되는 돈마저 백범에게 전해주었고 백범은 못내 안타까워하며 "후일 지하에서 만납시다."라는 짧은 작별 인사를 건넸다. 얼마 후 홍커우공원 축하 기념식장에 일본 국가가 울려 퍼지던 순간 기념식 단상에 물통 모양의 폭탄이 던져졌다. 큰 소리와 함께 터진 폭탄은 시라카와 요시노리白川義則 육군대장, 우에다 겐키치植田謙吉 육군중장, 시게미쓰 마모루重光葵 주중국 공사 등 7명의 고위 관료와 군 장성을 죽이거나 부상을 입혔다. 훗날 태평양전쟁 패배 후 일본 대표로 미주리함에 서명자로 나선 시게미쓰 마모루는 이때 윤봉길의 거사로 한쪽 다리를 잃어 지팡이를 짚고 나타나기도 했다.

백범이 만난 두 청년의 용기 있는 희생으로 임시정부의 위상은 높아졌고 중국 국민당 정부의 지원을 받게 되었으나 일본의 중국 대륙 침탈이 더 확대되자 더는 상해에 머무를 수 없어 이동을 결정한다. 백범은 몇 번의 이동 끝에 중국 중경重庆, 충칭에 자리 잡는다. 대한민국 임시정부의 마지막 청사가 위치한 중경에서 한국광복군을 창설하고 독립운동의 여러 세력을 규합해 일제의 패망과 자주독립국을 세우기 위한 노력을 이어갔다. 미전략정보국OSS : 미국 CIA 전신과 연계해 국내 진입 작전을 추진하기도 하였으나 작전 실행을 얼마 앞두고 일본이 항복을 선언하며 국내 진입 작전은 실행에 옮기지 못했다.

민족통일, 그가 꿈꾼 세상

해방의 기쁨도 잠시, 그는 민족의 앞날이 쉽지 않음을 예상했다. 연합군이 우리의 노력보다 자신들이 독립시켜 주었다는 점, 그래서 자신들의 영향력을 한반도에서 내세우려 할 것이라는 우려를 했기 때문이다. 우리의 의사와 상관없이 38선이 그어지고 미군과 소련군의 군정이 실시되었다. 다양한 정치 지도자들의 의견 차이로 사회는 임시정부 초기 모습처럼 혼란과 갈등이 계속되었다. 백범은 신탁통치 반대운동에 앞장섰고 미군정과도 대립하는 행보를 보였다. 그런 때에 이승만이 남한만이라도 단독정부를 수립하자는 주장에 반대하며 통일 정부를 세우기 위해 남북협상을 제안한다. 1948년 4월 많은 이들의 반대에도 38선을 넘어 북으로 향해 김일성과 김두봉 등을 만나지만 실제적인 성과를 얻지 못했다. 그의 희망과 달리 남한에서 5.10총선은 예정대로 실시되었고 북한 또한 예정된 수순의 김일성 중심의 정권이 들어서게 되었다. 귀국 후 백범은 안두희의 총탄에 쓰러지기까지 4년이 안 되는 시간 동안 민족을 가장 우위에 두며 현실을 외면했다는 비판을 받기도 했고 때로는 일관된 입장을 취하지 않아 동지들과 대립하기도 했다. 그럼에도 그는 고민하고 또 고민했다. 이상적일 수 있지만 그만큼 해방 후 우리의 정체성과 방향을 설정하는 것은 미래의 후손들에게 굉장히 중요한 부분이었기 때문에 하나 된 자주 독립 국가 건설을 포기하지 않고 이루려고 한 것이었다. 그런 그의 고민과 생각은 그가 인생 후반에 자주 되뇌었던 시에 잘 표현되고 있다.

踏雪野中去(답설야중거) 눈 내리는 벌판 한 가운데를 걷더라도

不須胡亂行(불수호난행) 어지럽게 걷지 말라

今日我行跡(금일아행적) 오늘 걸어간 이 발자국들이

遂作後人程(수작후인정) 뒤 따라오는 사람들의 이정표가 되리니.

평생 자기 욕심보다 민족의 독립을 위해 살다 떠난 백범은『백범일지』의 '나의 소원'에서 우리나라에 대한 희망을 이렇게 표현했다.

나는 우리나라가 세계에서 가장 아름다운 나라가 되기를 원한다.
가장 부강한 나라가 되기를 원하는 것은 아니다. … 중략 …
오직 한없이 가지고 싶은 것은 높은 문화의 힘이다.

높은 문화의 힘을 갖는 나라 대한민국! 어쩌면 백범 김구 선생의 이 소원은 우리 후손들이 오늘날 만들어가고 있는 것은 아닐까? 나는 기념관을 나와 백범의 묘를 찾았다. 비석에 새겨진 글을 자세히 읽어 본 후 이어서 삼의사 묘역과 그 옆에 한 공간을 차지하고 있는 안중근 의사의 가묘假墓도 둘러보았다. 또 이동녕, 차리석, 조성환 선생을 모시고 있는 임정요인 묘역까지 차례로 둘러보며 감사한 마음으로 그 삶과 죽음이 헛되지 않도록 살겠다는 다짐을 하며 공원을 떠났다.

"너희도 만일 피가 있고 뼈가 있다면
반드시 조선을 위해 용감한 투사가 되어라
태극의 깃발을 높이 드날리고
나의 빈 무덤 앞에 찾아와 한 잔 술을 부어놓아라"

❶ 효창공원 이봉창 의사상
❷ 윤봉길 의사 시계를 형상화한 조형물
❸ 백범 김구 기념관 김구상
❹ 삼의사 묘역과 안중근의사 가묘
❺ 백범 김구선생의 묘
❻ 대한민국 임시정부와 임시의정원 신년축하식 기념사진
❼ 38선을 넘는 김구

함께 걷는 독립운동의 길

경교장   식민지역사박물관   효창공원
                                              (백범김구기념관 – 김구 묘역–의열사 – 삼의사 묘역 – 임정 요인묘역)

경교장

경교장은 대한민국 임시정부의 주석이었던 백범 김구가 사용했던 개인 사저로 민족진영 인사들의 집 결처로 이용되었으며 김구가 집무실에서 안두희의 흉탄에 의해 서거한 곳이기도 하다.

식민지역사박물관

일본제국주의 침탈의 역사와 그에 부역한 친일파의 죄상, 항일투쟁의 역사를 기록하고 전시하는 최초 의 일제강점기 전문역사박물관이다.

효창공원 (백범김구기념관 – 김구 묘역 – 의열사 – 삼의사 묘역 – 임정 요인묘역)

효창공원에는 일제 때 항일투쟁을 하다 목숨을 바친 윤봉길, 이봉창, 백정기 등 삼의사와 백범 김구, 그 리고 임시정부요인인 이동녕, 차리석, 조성환 선생의 유해가 안치되어 있다.

평범하지만 위대했던 그의 삶, 묵묵히 자기 자리를 지키며 뒤 따르는 자의 Milestone이 되었다. 민족이 분열되는 비극 만큼은 막고 싶었던 그의 마지막 결단. 완전한 독립, 통일. 그는 지금도 우리 민족이 나아갈 방향을 제시한다. Hexter

죽음을 각오하고 뜨겁게 살았던 비운의 독립운동가 _____ **김원봉**

약산若山 김원봉1898~1958 선생을 우리 역사에서는 어떻게 평가할까? 그를 향한 역사의 평가가 엇갈리는 이유는 무엇일까? 학문과 충절의 고장 경남 밀양에서 태어나 전국적인 명성을 떨친 의열단의 단장이자 조선의용대를 이끈 독립운동가, 해방 후 혼란한 정국 속에 북행을 선택했고 북한 정권의 관료였지만 김일성 체제 아래 숙청되었다고 알려진 비운의 독립운동가 약산 김원봉! 그의 다양한 행적만큼이나 그를 향한 역사의 평가도 다양하게 나뉜다. 그를 만나러 밀양을 찾았다.

충절의 고장, 밀양을 찾다

비 내리는 토요일 오후 밀양에 도착해 영남루에 올랐다. 밀양 시내를 한눈에 볼 수 있는 곳이자 평양 부벽루, 진주 촉석루와 함께 우리나라 3대 누각으로 불릴 만큼 멋진 풍광을 간직한 곳이다. 해방 후 고향을 방문한 약산이 이곳 영남루를 찾아 자신을 환영하는 군중들을 만나기도 한 역사적인 장소다. 밀양은 조선 유학의 종사宗師로 불리는 김종직 선생이 제자를 가르친 곳이자 임진왜란 때 승병을 이끌었던 사명대사의 공적비가 세워진 표충사가 자리한 지역이다. 유불儒佛을 뛰어넘어 국난극복을 위해 앞장선 밀양의 지사들은 근대에도 외세의 침탈에 맞서 다시 한 번 역사에 등장한다. 영남루에서 내려다보이는 해천 일대에는 '항일운동테마거리'가 조성되어 있다. 해천은 밀양읍성의 해자垓字 구실을 하던 곳이다. 해천 일대는 의열단 단장 김원봉, 밀양 3·13 만세운동을 주도한 윤세주, 마산 창신 학교를 운영했던 황상규 등의 생가가 있던 마을이다.

의열기념관, 의열 활동을 생각하다

영남루에서 내려와 찾아간 목적지는 항일운동테마거리에 위치한 의열기념관이다. 해천 일대의 항일운동테마거리는 김원봉과 부인 박차정 의사의 이야기는 물론 밀양 출신 독립운동가들의 이야기가 다양한 형태로 전시되어 있다. 의열기념관은 약산의 생가가 위치했던 곳으로 원래 카페 건물이었던 것을 기념관으로 바꾼 것이라고 한다. 일제강점기 의열 활동을 기념하기 위해 만들어졌는데 1, 2층으로 구성된 내부전시실과 3층 옥상 야외 공간으로 꾸며져 있다. 의열단은 '정의'와 '맹렬'이라는 말에서 한 글자씩 떼서 '의열義烈'이라는 이름을 정하고 일제 침략을 물리치고 정의를 되찾기 위해 맹렬하게 투쟁할 것을 맹세한 단체였다. 곧은 유학의 학풍을 이어왔고 외세의 침략에 맞서 싸워온 밀양인들의 정신은 독립운동에서도 외교 노선과 실력양성의 노선보다 무장투쟁의 노선을 지향했다. 약산은 중국 금릉대학에서 유학 생활을 마치고 3·1운동을 겪으며 의열단을 조직하고 본격적인 무장투쟁 노선으로 뛰어든다. 임시정부의 산하단체가 아닌 소수정예로 1919년 11월 의열단을 창립한 것이다. 당시 단장으로 추대된 약산은 22세의 젊은 나이였다. 약산과 함께 의열단 활동을 했던 김성숙 선생은 그를 이렇게 말했다.

> "김원봉은 굉장한 정열의 소유자였습니다. 동지들에 대해서도 굉장히 뜨거운 사람이었지요. 그는 자기가 만난 사람을 설복시키고 설득시켜 자기 동지로 만들겠다고 결심하면 며칠을 두고 싸워서라도 모든 정열을 쏟아서 뜻을 이뤘지요. 이렇기 때문에 동지들이 죽는 곳에 뛰어들기를 겁내지 않았던 것 아닙니까? 그만큼 남으로 하여금 의욕을 내게 하는 사람이었지요. 그것이 김원봉의 가장 큰 능력이었습니다."

약산과 함께 창립 멤버로 참여한 이들은 공약 10조를 세우고 '7가살, 5파괴'라는 구체적인 목표를 세웠다. 7가살은 총독 이하 고관 군부 수뇌, 대만 총독, 매국적 인물, 친일파 거두, 적의 밀정, 반민족적 토호 세력을 처단하는 것이다. 5파괴는 조선총독부, 동양척식주식회사, 매일신보사, 각 경찰서와 일제의 주요 기관들을 파괴하는 것이다. 교과서에 실린 조선총독부에 폭탄을 투척한 김익상 의사와 종로경찰서 폭파사건을 주도한 김상옥 의사 등의 활동은 모두 이 목표 속에 진행된 의열 활동이었다.

2015년 개봉한 영화 〈암살〉에서는 김원봉과 김구의 만남이 소개된다.

약산 : 해방이죠. 하지만 너무 많이 죽었습니다. 최수봉, 나석주, 황덕

삼, 주상욱...

백범 : 그만하자!

약산 : 사람들한테서 잊혀지겠죠? 미안합니다.

백범 : 아니 내가 오히려 미안해. 내가 매안해. 내가 미안합니다.

왜 그들은 서로 미안하다고 할까? 방송으로 흘러나오는 일본 제국주의의 패망과 해방의 기쁨으로 모두가 들떠 있는 때에 두 사람은 왜 서로 미안하다고 하며 무거운 표정을 지을까? 해방의 날을 못 보고 떠난 동지들 생각이 나서 말한 것은 아닐까? 약산의 의열단 못지않게 백범이 주도한 한인애국단에도 이봉창, 윤봉길 의사 같은 분들의 희생이 있었고 그 외에도 앞서간 동지들이 참 많았기 때문일 것이다. 한번은 약산이 도산 안창호 선생을 만나게 되었다. 상해와 북경을 오가며 폭탄 제조법을 익히고 무기 구매에 필요한 자금 마련에 노력하던 중 북경을 찾은 도산의 초대를 받은 것이다. 약산에게 있어 도산은 민족의 선각자로 가슴에 새겨진 인물이었다. 어린 시절 밀양 동화학교에서 그리고 고모부였던 황상규로부터 수차례 들어왔던 민족지도자인 도산의 초대를 받은 것이다. 도산은 항상 자신을 드러내거나 높이지 않는 성격이었다. 당시 도산은 대한민국 임시정부 내무 총장이라는 직책을 맡고 있었다. 도산은 약산에게 당장의 성급함보다 힘을 길러 독립을 쟁취하면 어떻겠느냐며 도와줄 일이 없느

냐 물었고 약산은 민족의 정기를 위해서라도 독립조직, 비밀조직으로 활동하겠다며 정중히 사양했다. 그런 젊고 혈기 왕성한 약산에게 도산은 나무라기보다 지지하고 격려해주었다. 서로가 추구하는 독립운동의 방법은 달라도 선배로서 격려하고 후배로서 존경하는 모습이 오늘날 우리에게도 필요한 지도자들의 모습이라고 생각했다.

2층 전시관까지 살펴본 후 옥상 야외전시관에 올랐다. 해천이 한눈에 들어오고 약산의 친구이자 독립운동가 석정 윤세주의 집터를 알리는 큰 돌과 나부끼는 태극기, 바람개비들이 눈에 보였다. 의열기념관은 약산이 군사학교에 들어간 이후의 행적에 관해서는 소개가 간략하다. 밀양지역의 의열 활동과 의열단의 이야기가 중심으로 전시되어 있어 그 이후 약산의 이야기는 밀양 독립운동기념관을 찾아 더 알아보기로 했다.

밀양독립운동기념관

해천에서 그리 멀지 않은 곳에 밀양 독립운동기념관이 자리하고 있다. 밀양시립박물관 내에 위치하여 밀양의 다양한 역사와 문화, 그리고 밀양 출신 인물들의 독립운동 이야기를 함께 살펴볼 수 있는 공간이다. 안동은 경북뿐 아니라 전국에서 가장 많은 독립운동가를 배출한 곳이다. 그리고 이곳에 유학자 이황이 있었다. 밀양은 경남에서 가장 많은 독립운동가를 배출했다. 그리고 이곳에 유학자 김종직이 있었다. 안동과 밀양이 이토록 많은 독립운동가를 배출할 수 있었던 것은 안동의 이황과 밀양의 김종직과 같은 올곧은 유학자들의 정신이 계속 이어져 왔기에 가능했던 것은 아닐까?

　기념관 앞 추모공간에서 잠시 참배한 후 내부로 들어갔다. 가장 먼저 눈에 들어온 것은 미국의 저널리스트 님 웨일즈Nym Wales가 조선의 독립운동가를 취재하여 남긴 『아리랑』에 의열단을 소개하는 대목이었다. 의열단에게 죽음이란 언제 찾아올지 모르는 필연과도 같았다. 그래서 주어진 오늘 하루의 삶을 더 멋지게 살다가 맡은 바 임무를 수행하고 떠나는 나그네 같은 삶이었을지도 모르겠다.

　의열단원들은 마치 특별한 신도처럼 생활하였고 수영, 테니스 그 밖의 다른 운동을 함으로써 항상 최상의 컨디션을 유지하고, 자기네들의 특별한 임무에 알맞은 심리 상태를 유지하기 위하여 오락도 하였다. 그들의 생활은 명랑함과 심각함이 기묘하게 혼합된 것이었다. 언제나 죽음을 눈 앞에 두고 있으므로 생명이 지속되는 한 마음껏 생활하였던 것이다. 그들은 놀라울 정도로 멋진 친구들이었다. 의열단원들은 언제나 멋진 스포츠형의 양복을 입었고, 머리를 잘 손질하였으며, 어떤 경우에도 결백할 정도로 아주 깨끗이 차려 입었다.

항일군사투쟁과 멀어지는 통합운동

　1920년대 중반을 지나며 의열 활동은 한 단계 더 큰 항일군사투쟁으로 발전한다. 첫 시도로 약산은 29세에 의열단원들과 함께 장제스蔣介石가 운영하는 황포군관학교에 입교한다. 그는 오랜 벗들로부터 공산당원이 되라는 권유도 받았으나 민족보다 사상이 우선되는 것에 반대했다.

1930년대 일본은 만주사변을 일으켜 본격적으로 대륙침략을 시작한다. 여기에 더해 김구가 조직한 한인애국단의 이봉창, 윤봉길의 의거 등이 계기가 되어 중국에서도 우리의 독립운동을 지원하고 공동으로 항일운동전선을 펼치게 된다. 1932년 약산도 조선혁명정치군사학교 설립을 추진했다. 자신의 오랜 벗인 윤세주와 우리에게 잘 알려진 시인 이육사도 군사학교 1기로 입교했다. 조선혁명정치군사학교는 총 3기 125명의 졸업생을 배출했는데 광주 출신의 음악가 정률성도 2기 졸업생 중 한 명이었다. 약산은 중국에서 활동하는 항일독립운동단체를 하나로 통합하고자 애썼다. 민족주의와 사회주의 단체를 아울러 중도 노선의 민족혁명당을 창당했다. 처음에는 김원봉, 윤세주, 김두봉, 조소앙, 지청천, 신익희, 김규식 등 다양한 노선의 독립운동가들이 참여했으나 급진적인 공산주의자들이 가입하면서 통합의 생각은 약산의 뜻대로 이어가지 못했다. 그렇게 민족주의 노선의 조소앙, 지청천 등은 민족혁명당을 떠났다.

1937년 7월 일본은 만주를 넘어 중국 대륙을 침략하는 중일전쟁을 일으킨다. 중국 공산당과 국민당의 두 번째 국공합작이 이루어졌고 약산도 군대를 조직해 중국과 함께 일본에 맞서 싸우고자 하였다. 이미 많은 급진적 공산주의자들은 화북으로 떠났고 약산은 남은 이들을 규합하고 김구에게도 함께하기를 원했으나 김구는 민족혁명당과 조선의용군 참여에는 거리를 두었다. 중국 군사위원회에서는 군軍이라는 명칭은 너무 크다고 판단해 대隊라는 명칭을 사용할 것을 명령했고 중국군 예하에 둘 것을 명시했다. 무기나 여러 면에서 지원을 받는 우리로서는 받아들일 수

밖에 없는 지시였다. 일본은 전선을 계속 확대해나갔다. 만주, 중국 대륙을 넘어 하와이 진주만을 공습하며 태평양까지 전선을 넓혔다. 그러나 중국 내 국공합작 분위기도 틈이 벌어지고 있었다. 약산은 중국 국민당 군사 위원회로부터 한국광복군 사령부 부사령관으로 임명한다는 명령을 받았다. 그런 때에 조선의용대 화북지대를 이끄는 약산의 오랜 벗 윤세주가 일본군의 포위망을 뚫는 작전 중 죽게 되자 화북지대원들은 공산주의자들의 설득과 권유에 조선의용대라는 이름을 버리고 조선독립동맹이란 이름으로 김두봉과 무정의 지도를 받게 되었다. 약산 자신은 민족주의 계열의 국민당 정부쪽에, 자신과 함께 해온 많은 동지들은 공산당 쪽으로 기울면서 점점 통합은 멀어져 갔다.

박차정과의 만남과 헤어짐

약산은 중국에서 12살 아래의 박차정을 만나 결혼한다. 부산 동래 충렬사 인근에 그녀의 생가가 남아있다. 그녀의 아버지 박용한은 서울 보성전문학교를 나온 지식인이었고 어머니 김맹연은 사회주의 독립운동가 김두봉, 김두전 등의 사촌이었다. 그녀의 오빠 박문희는 의열단에 가입해 활동하는 등 독립운동가 가문에서 성장했다. 그녀는 부산 3·1운동을 주도한 일신여학교를 다녔는데 동래 일신여고 시절 6·10 만세운동을 주도한 이유로 감옥에 갇히기도 했다. 그녀는 동래 일신여고 교우지 『일신』에 「철야」라는 단편소설을 발표하기도 했다.

내가 이왕 죽을 바에야 어머니 유언과 같이 힘써 싸워 볼 것이지 세기로 내려오는 압박의 흑암을 헤쳐 버리며 악마의 얼굴에서 거짓의 탈을 벗기고 서슴없이 전 세계의 폭군들을 향하여 싸워보자. 그리하여 모든 것을 파괴시키고 광명한 신사회를 조직할 때까지…

글 속에는 우리의 현실과 일본 제국주의에 맞서는 저항의 굳은 의지가 담겨 있다. 박차정의 재주와 높은 뜻을 알아본 교사는 자신의 사비를 털어 그녀의 학비를 지원해주었고 부산에 머무르던 나혜석은 박차정이 문단文壇에 등단해도 될 것이라며 권유하기까지 했다. 그러나 그녀는 문단보다 현실에 뛰어들어 활동하는 쪽을 선택한다. 자치론과 타협론이 등장하던 1920년대 기회주의를 배격하고 정치적, 경제적 각성과 민족의 단결을 공고히 할 것을 주장한 신간회의 자매단체인 근우회 동래지부에 가입해 활동한다. 그 후 전국 대회에서 중앙집행위원으로 선출되고 광주학생항일운동 당시 서울에서 만세 행진에 참여해 주도자로 체포되어 서대문형무소에 갇히기도 했다. 그 후 부산에서 조선방직 파업사태를 주도하다 옥고를 치르기도 하는 등 끊임없는 현실 저항의 모습을 이어가다 중국으로 독립운동의 장을 옮긴다. 국내에서의 여성 계몽운동과 실력양성운동을 넘어 해외 무장투쟁을 위한 독립전쟁에 뛰어들기로 한 것이다. 1931년 그녀는 의열단에서 활동하던 오빠 박문호의 소개로 김원봉을 만난다. 두 사람은 서로의 뜻과 확연한 의지를 확인하고 12살의 나이 차를 극복하며 결혼한다. 그녀는 약산의 아내로서가 아닌 여성독립운동가로 현장을 이끌며 직접 무장투쟁에 참여하였다. 조선의용대 부녀 복무단을 조직해 투쟁하던 중 1939년 곤륜산 전투에서 어깨에 총상을 입고 후유증이

지속돼 1944년 해방을 1년 앞두고 중경에서 숨을 거둔다. 그녀의 유해는 해방 조국에서 남편 김원봉을 통해 밀양으로 옮겨진다.

밀양 독립운동기념관 관람을 마치고 박차정 의사 묘소를 찾았다. 비가 추적추적 내리는 오후 부북면 제대리 송악마을 뒷산 입구에 차를 주차하고 좁은 골목을 걸어 올라갔다. 근처에 도착하니 박차정 의사 묘소가 있음을 알리는 안내 표지판이 있었다. 거기서 다시 공동묘지로 보이는 여러 무덤을 지나 오르니 태극기와 함께 박차정 의사 묘소가 보였다. 유관순 열사 못지않게 여성독립운동가로서 여러 활동들을 보인 그녀의 묘가 너무 쓸쓸해 보였다. 그나마 위안이 된 것은 그녀의 묘를 찾는 길을 알려주는 작은 팻말들이 있었는데 그녀의 오랜 후배들인 동래여자고등학교 학생들이 직접 제작하여 꽂아 놓았다는 점이었다. 정부는 뒤늦게 광복 50주년을 맞아 건국훈장 독립장을 추서했다. 왜 그녀의 삶에 비해 그녀의 묘는 밀양의 작은 마을 뒷동산에 잘 알려지지 않은 채 놓여 있게 되었을까? 그것은 남편이었던 김원봉의 해방 후 행적과 깊은 관련이 있을 것이다.

해방정국, 약산의 선택!

해방 후 한반도는 극심한 혼란을 겪는다. 연합국의 승리, 일제의 패배라는 2차 세계대전의 결과로 한반도에는 기존에 보지 못한 가상의 선인 38도선이 그어지고 북에는 공산주의 세력의 소련군이 남에는 자유주의 진영의 미군이 들어오게 된다. 그러나 북에는 일제에 맞서 중국 공산당과 함께 싸운 조선독립동맹 계열의 인사들보다 소련이 내세운 김일성 세력이 주도권을 잡게 되고 남에는 조선건국준비위원회의 여운형이나 임시정부의 김구가 아닌 미군에 의한 새로운 주도권이 형성되고 있었다. 약산도 1945년 겨울 조국에 돌아왔다. 비행기로 한 두 시간이면 되는 거리였지만, 조국으로 돌아오는 데까지 28년의 시간이 걸린 것이다. 수많은 의열단 동지들, 이름 없이 쓰러져 간 조선의용대 대원들 그리고 자신의 아내인 박차정까지…

약산은 해방된 조국에 돌아와서도 이념보다 민족이 하나 된 자주 독립 국가를 염원했다. 그러나 시간이 흐를수록 남과 북은 점점 더 멀어져 가고 이념은 둘로 나뉘어 극심한 대립이 가속화되었고 여운형, 김규식, 안재홍 등의 좌우합작 노력도 결국 좌절되었다. 그리고 현실정치는 소련의 힘을 입은 김일성, 미군정의 힘을 입은 이승만에 의해 단독정부의 길로 접어들고 있었다. 남한사회에서 좌우를 통합하려는 움직임은 오히려 극우 성향의 인물들에게 좌익인사로 비춰졌다.

약산은 1947년 참으로 굴욕적인 경험을 겪는다. 유명한 친일 경찰 노덕술에게 체포되어 수도경찰청에 연행된 것이다. 종로경찰서에서 독립운동가를 체포해 활동하던 악덕 친일 경찰 노덕술에게 빨갱이라는 소리를 들으며 붙잡혀 치욕적인 모함을 받은 것이다. 후에 약산은 무혐의로 풀려났으나 그가 받은 충격은 상당했다. 이 이야기는 우리 현대사에서 굉장히 씁쓸한 장면이다. 친일이란 이름이 반공反共이란 구호 아래 애국자로 변신하는 모습이 일어난 것이다. 해방 공간에서 미군정 아래 다수의 친일파는 공직, 관료, 경찰, 군대에서 그 자리를 대부분 유지하며 그들의 지위와 권한, 경제적 부는 계속 늘어나고 후손에게 이어져 오늘날까지 상당히 큰 영향을 행사하고 있기 때문이다. 그 사건을 경험하고 얼마 지나지 않은 1947년 7월 19일, 약산은 몽양 여운형이 피살되었다는 소식을 듣는다. 오랫동안 중도 노선에서 좌우합작운동을 추진한 정치지도자 한 명을 잃은 순간이었다.

민족주의자? 공산주의자?

약산은 몽양 여운형이 겪은 일을 자신도 언제 겪을지 모른다는 예감이 들었다. 그리고 그는 남한에서 좁아지는 입지와 위험을 느끼며 북행을 결정한다. 그는 중국에서 활동할 때도 김규식, 조소앙처럼 민족주의 계열의 인사와 김두봉, 무정 등 사회주의 인사들과도 고루 친분이 있었다. 처음 북에서 그는 연안파로 알려진 조선독립동맹 계열 지도자들의 환영을 받았다. 북쪽에서도 약산의 의열 활동과 그가 걸어온 독립운동의 길을 높이 평가하는 민중들이 많았다. 하지만 북한은 김일성을 중심으로 한 세력이 요직을 차지하고 다른 세력들은 견제 받거나 제거되고 있는 상황에서 약산의 주장이 힘을 얻기는 어려웠다. 그는 남에서 민족통일의 길을 찾을 수 없어 북행을 선택했지만 북에서도 그 길은 찾기 힘들었다. 약산이 초기 북한 정권에 관료로 참여했던 이력은 한국전쟁 이후 남한사회에서 공산주의자라는 꼬리표로 남게 된다. 남한에서의 이런 꼬리표와는 달리 북한에서는 오랜 전쟁과 파벌의 다툼 속에 연안파와 함께 그의 입지는 더욱 좁아졌고 결국 숙청되었다고 전해진다. 약산을 비판하는 이들은 바로 그의 북행과 북한 정권의 고위 관료로 그리고 6·25 한국전쟁 당시 공산주의 정권을 이끄는 지도자 중의 한 명이란 이유로 그를 부정적으로 평가한다.

밀양 독립운동기념관 야외 전시장에는 밀양 출신 독립운동가들의 흉상이 둥글게 원을 그리며 세워져 있다. 약산 김원봉이란 이름이 새겨진 동상도 존재하나 다른 분들과 달리 그의 동상에는 독립유공자란 호칭은 없다. 오늘 우리는 '통합, 연합'이 중요하다고 다들 주장하지만 어느 때보다 더 분열되고 더 나뉘어 대립하는 시대를 살고 있다. 양극단에서 자신의 세勢를 불리는 사람이 아니라 간격을 좁히고 서로의 다름을 인정하며 상대방까지 포용할 수 있는 연합의 지도자가 필요한 때이다. 독립운동가들이 꿈꿔 온 조국 해방은 통일 조국이었기에 그 시대적 과제가 오늘 우리에게 남겨져 있다고 생각한다. 약산에 대한 평가도 그 연장선에서 이루어져야 할 것이다.

❶ 밀양 영남루

❷ 해천 항일운동테마 거리

❸ 의열기념관

❹ 밀양 독립운동기념관 '선열의 불꽃'

❺ 밀양 독립운동기념관 전시실

❻ 조선의용대 설립 기념사진

❼ 박차정의사 묘

함께 걷는 독립운동의 길

밀양 영남루 · 해천 항일운동테마거리 · 의열기념관 · 밀양 독립운동기념관 · 박차정 의사 묘

해천 항일운동테마거리
영남루 아래 위치한 해천 항일운동테마거리에는 김원봉과 박차정의 그림을 비롯해 밀양 3·13만세운동을 주도한 윤세주와 밀양 출신의 독립운동가들의 이야기가 벽화와 함께 다양한 형태로 전시되어 있다.

의열기념관
약산 김원봉의 생가가 있었던 자리에 세워진 의열기념관은 "자신의 목숨을 돌보지 않고 충의(忠義)에 앞장선 사람"을 일컫는 의열지사(義烈志士)들의 항일독립투쟁사를 소개하기 위해 2018년 3월 7일 개관하였다

밀양 독립운동기념관
밀양 시립박물관과 함께 자리한 독립운동기념관은 밀양 출신의 독립운동가와 약산의 활동이 자세히 소개되어 있다. 야외 전시장에는 '선열의 불꽃'으로 불리는 독립운동가들의 조각상이 둥글게 자리하고 있다.

박차정 의사 묘
해방 후 유해가 옮겨져 온 박차정 의사는 고향 부산이 아닌 남편의 고향 밀양에서 장례가 치러진다. 사람들의 발길이 잘 닿지 않은 곳이지만 그녀의 후배들이 세워둔 작은 나무 팻말을 따라 오르면 묘를 찾을 수 있다.

한국 근대 누아르, 액션 그 자체. 차갑고 냉철했던 그의 성격. 암흑 속에서 활동하며 일제에게 가장 악명 높았고, 운동가들에게는 카리스마가 있었던 그를 표현하기엔 누아르 영화의 컨셉이 제격이다. Hexter

신념을 넘은 소통의 길

종교의 범주를 넘어 같은 마음으로 소통하며
다음 세대를 세운 독립운동가

종교는 사회에 어떤 역할을 하며 사회의 다양한 문제 앞에 어떤 자세를 취해야 할까? 일제강점기, 식민지 현실에서 믿음의 대상은 달랐으나 조국의 미래를 위해 아픔의 현장에서 사람들과 함께 한 정신적 리더가 있었다. 인내천人乃天 사상을 바탕으로 봉황각을 세워 인재 양성과 새로운 세상을 꿈꾼 천도교 지도자 의암 손병희, 산사山寺에만 머무는 불교가 아닌 대중과 함께하는 승려로 펜과 행동으로 부처의 가르침을 실천한 만해 한용운, 안동의 정통 유학자였으나 신문물을 수용하고 조국 독립을 위해 단호히 타협을 거부하며 전 재산을 팔아 압록강 넘어 서간도를 개척한 석주 이상룡, 평생 공부한 유학에 기독교를 더하여 사랑의 그릇을 넓히고 YMCA 청년 운동을 이끌며 영원한 청년으로 남은 월남 이상재까지 서로 종교는 달랐으나 그것이 추구하는 가치와 정신을 바탕으로 국내외에서 다음 세대와 소통하며 애쓴 분들이 있었다. 그 신념의 길에 남겨진 발자취를 되새겨보자.

삼각산을 뒤로하고 있는 북한산 자락에 세워진 봉황각을 찾았다. 지금은 지하철 우이신설선이 놓였고 도선사로 오르는 도로가 나 있어 쉽게 찾을 수 있지만 100여 년 전 이곳은 제법 산속에 자리한 곳이었다. 북한산 우이역에 내려 우이동 만남의 광장을 지나 봉황각 입구에 도착했다. 비가 오는 궂은 날씨라 그런지 오후 이른 시간임에도 대문이 굳게 잠겨 있었다. 다행히도 인근에 계신 문화 해설사에게 문의하자 직접 의창수도원손병희선생의 정신을 이어가는 수도원원장님께 연락해주셨고 이내 문을 열어주셔서 내부를 자세히 둘러볼 수 있었다.

북한산 자락, 봉황각을 찾다

입구에 들어서니 정면에 주변의 산세와는 어울리지 않게 여겨지는 제법 큰 붉은 벽돌의 서구식 건축물이 들어서 있었다. 이 건물은 원래 종로구 경운동에 자리한 천도교중앙대교당과 함께 설립된 천도교 중앙총부 건물이다. 중앙총부 자리에는 현재 수운회관이 들어섰고 중앙총부 건물은 1969년 봉황각 앞으로 옮겨 수도원의 별관으로 사용하게 되었다. 중앙총부 건물을 돌아서 안으로 들어가니 봉황각이 아름다운 모습으로 자리하고 있었다. 내부에 들어가 손병희 선생의 영정 앞에 참배하고 내실과 건물 내부를 살펴보았다. 삼각산이 잘 보이는 산자락에 아무도 찾지 않는 그곳에 건물을 짓고 인물을 길러내고자 했던 의암義菴 손병희1861~1922 선생의 의지가 담겨 있는 공간이었다.

동학농민운동, 새로운 세상을 꿈꾸다

수운 최제우 선생이 동학을 본격적으로 포교한 1861년 의암은 충북 청원청주에서 태어났다. 세금을 담당하는 향리였던 부친 손두흥의 서자로 태어난 그는 천대와 멸시 속에 제대로 교육을 받지 못했고 적서嫡庶 차별과 농민수탈, 삼정의 문란과 탐관오리의 횡포를 보며 사회의 모순과 절망을 느꼈다. 이러한 출생과 성장배경 속에 신분 차별 없는 인내천人乃天 사상을 내세운 동학을 만나면서 의암은 새로운 세상에 대한 꿈을 꾸기 시작했다. 1882년 조카 손천민의 권유로 21살의 나이에 동학에 입도한다. 2년 뒤인 1884년 해월 최시형은 의암을 처음 보고 한 눈에 그의 인물됨을 알아보았다고 한다. 의암은 1892년 동학의 창시자 최제우 선생의 교조 신원회복운동에 참여하며 충청 일대 접주로 활동한다. 1894년 동학농민운동이 일어나자 의암은 처음에는 관군과 전쟁까지 일으키는 것에 반대 입장을 표했다. 그러나 일본군마저 농민군을 공격하자 동학의 통령統領으로 북접 10만의 농민군을 이끌고 남접을 이끌던 전봉준과 합세해 반외세 전투를 벌였다. 그러나 우세한 화력을 가진 일본군의 개입으로 공주 우금치전투에서 큰 패배를 당한다. 동학농민운동이 실패한 후 전봉준 등은 체포되어 처형당했으나 의암은 강원도로 몸을 숨겼고 1897년부터 최시형의 뒤를 이어 대도주에 임명돼 3년간 교세 확장에 노력했다. 그 사이 최시형과 손천민 등 여러 지도자들이 체포되어 목숨을 잃었다. 그 과정에서 그는 우리 민족도 서구의 문물을 수용하고 개화를 해야 함을 깨닫고 미국행을 결심하지만 비용 마련이 어려워 일본에 머무르며 세계정세를 익히며 근대문물을 배웠다. 1903년 해외를 탐방하고 온 그는 반외세와 반봉건을 넘어 우리 청년들도 안목을 키워야 함을 절감하고 64명의 청년들을 선발해 일본 유학을 보냈다. 1904년에는 훗날 민족대표로 함께 이름을 올린 권동진, 오세창 등과 진보회를 조직하는데 이때 함께한 이용구가 송병준의 일진회와 합하여 친일적인 행각을 벌이자 동학이 친일 단체로 낙인찍히게 되었다. 이에 위기를 느낀 의암은 1905년 말 동학을 천도교라는 이름으로 바꾸고 이듬해 이용구, 송병준 등 62명의 친일 세력을 출교시켜버렸다. 믿고 맡겼던 재정담당자였던 이용구 등이 출교되어 떠나자 상당 부분의 자금이 유출되고 따르는 천도교인도 많이 떠났다. 그들이 천도교를 떠나 시천교를 세우며 교세를 모으자 천도교는 재정적인 어려움에 직면했다. 그러나 그때 의암이 생각해 낸 것이 성미제誠米制였다. 당시 쌀을 오늘날 돈으로 생각한다면 일종의 헌금과 같은 것이었다. 십시일반 각 교구에서 모아진 성미는 해마다 10만원 정도 모였는데 그 중 반은 지방교구에서 사용하고 나머지 반은 중앙총부로 보내졌다.

봉황각, 사람을 길러내다

그는 중앙총부로 모아진 자금을 언론, 출판, 교육 운동에 사용했다. 『천도교회월보』와 『만세보』등을 발행해 언론 활동을 시작했고 보성사普成社를 세워 출판에도 힘썼다. 교인은 물론 민중계몽에도 노력한 선생은 교육을 통한 구국운동에 힘을 기울여 민족계몽운동에 앞장섰다. 1905년 을사늑약 후 보성학교고려대학교와 동덕여학교동덕여대를 인수하고 보창학교, 명신학교 등 여러 민족학교를 후원하거나 인수하여 교육운동을 이어가려했다. 이 모든 활동이 가능할 수 있었던 것은 전국에서 신도들이 아껴가며 모아준 후원금이 있었기에 가능했다. 천도교의 활동이 종교의 심취에만 머물지 않고 민족계몽과 독립운동으로 적극 이어진 것이다. 그러나 1910년 8월 일본은 대한제국을 완전히 병합했고 우리는 국권을 잃어버렸다.

식민지 상황이었으나 일본에 있어 천도교의 교세와 의암의 존재는 무시할 수 없었다. 그래서 사이비종교, 사이비 교주라는 비방으로 교세를 꺾으려 시도하였으나 오히려 민중들의 천도교 가입은 더 늘어갔다. 이때 의암이 북한산 자락에 봉황각을 지었다. 1912년 세워진 봉황각은 '봉황이 깃들어 사는 집'이란 뜻으로 '봉황'과 같은 큰 인물을 길러내겠다는 의암의 생각이 반영된 것이다. 건물은 궁을弓乙자 형태로 지어졌는데 천도교의 핵심 가르침 중 하나인 궁을 사상을 표현하고 있는 것으로 교조 최제우가 하늘에서 받은 영부靈符, 신비로운 부적의 모양으로 우주 만물의 순환 작용과 활동을 형상화한 것이다. 그는 일본이 우리 국권을 강제로 빼앗은 후 10년 안에 나라를 되찾겠다는 각오로 1912년부터 3년간 봉황각에서 매회 49일씩 7차례에 걸쳐 수련생을 훈련 시킨 결과 483명의 천도교 수련생을 배출하였다.

천도교와 손병희, 3·1운동을 이끌다

3·1운동의 분위기는 해외에서부터 시작되었다. 제1차 세계대전의 종전과 함께 일본 유학생들이 「2·8독립선언」을 감행했고, 중국에서 활동하던 신한청년당은 김규식을 파리강화회의에, 장덕수는 일본에, 여운형은 만주와 러시아에 그리고 선우혁은 국내에 보내 독립운동을 전개한다. 이러한 해외에서의 활동은 국내 민족지사들과 청년 운동가들에게도 전해졌다. 그러는 동안 고무된 감정을 터뜨리는 사건이 발생한다. 1919년 1월 전해진 고종의 승하 소식이었다. 일제와 친일파들의 독살설까지 퍼지면서 만세운동의 분위기는 높아갔다. 의암은 권동진, 오세창, 최린 등과 만세운동을 준비하며 1월 하순 만세운동 3대 원칙인 대중화, 일원화, 비폭력을 결정했다. 2월 초에는 최린이 주도하여 북촌에 자리한 중앙학교에서 독립선언서를 발표하고 파리강화회의에 독립청원서를 제출하기로 합의했다. 대한제국의 고위 관료들도 동참시키려 했으나 박영효, 한규설, 윤치호 등은 거부했다. 기독교에서는 남강 이승훈이 적극적으로 나서서 기독교 계열의 동참을 이끌어 내었고 최린은 한용운을 만나 불교계도 함께

할 것을 승낙받았다. 유학자 중 한국 유림의 마지막 지도자라 할 수 있는 심산 김창숙에게도 독립운동의 이야기를 전했으나 그는 부모님의 병이 깊어 상경하지 못해 민족대표에 이름을 올리지 못했다. 그러나 김창숙은 3·1운동 후 상하이로 건너가 유림 대표들이 독립을 호소한 진성서와 글이 담긴 「파리장서」를 파리강화회의에 보내기도 했다.

　　천도교는 3·1운동에 있어 보이지 않는 상당한 재정적 지원을 하였다. 김규식이 파리강화회의에 참여하는 경비를 도왔고 타 종교인 기독교에 경비 5천원도 지원했다. 「기미독립선언서」의 인쇄는 천도교에서 운영하는 보성사에서 21,000부를 인쇄하였다. 보성사는 당시 조계사 자리에 있었는데 인쇄물은 경운동에 거주하는 민족대표 이종일의 집에 보관되었다가 2월 28일 아침 천도교중앙대교당에서 각 종교의 학생들에 의해 배포되었다. 그 다음은 만세운동 날짜를 정하는 일이 남았다. 고종황제의 장례가 3월 3일이어서 그날로 하는 것은 좋지 못하다 하여 하루 전날 실시하려 했으나 기독교계에서 일요일이라 피하기를 원해 하루 앞당겨 3월 1일로 확정되었다. 의암은 2월 28일 밤 자신의 집에서 민족대표들과 다시 논의하여 3월 1일 독립선언의 장소를 탑골공원이 아닌 태화관泰和館으로 변경했다. 이는 학생과 민중이 많이 모인 자리에서 일어날 충돌과 피해를 줄이고자 지도부만 따로 모이는 쪽으로 뜻을 모았기 때문이다. 하지만 고급 요릿집이었던 태화관에서 독립선언서를 낭독하고 자진 체포된 사실에 대해 만세운동의 구심점 역할을 하지 못했다는 비판도 받았다. 그러나 3·1 독립선언을 앞두고 한 의암의 말은 그의 진심이 고스란히 전해진다.

"우리가 만세를 부른다고 독립이 되는 것은 아니오. 그러나 겨레의 가슴에 독립정신을 일깨워야 하기 때문에 이번 기회에 만세를 불러야겠소."

의암은 3·1운동을 주도한 죄로 체포되고 서대문형무소에 투옥된다. 재판을 받는 과정에서 독립 후 민주주의 정치체제를 밝히는 등 당당한 자세를 잃지 않았으나 몸은 갈수록 쇠약해졌다. 뇌일혈로 쓰러진 후 병이 깊어져 몇 번의 보석 신청을 하였으나 받아들여지지 않다가 1920년 10월 22일 천오백 원의 보석금을 지불하고야 겨우 풀려날 수 있었다. 그러나 아내 주옥경과 주변인들의 정성에도 병세는 회복되지 않았고 1922년 5월 19일 62세의 일기로 눈을 감는다. 총독부는 그의 장례를 예의 주시하며 방해하려 했으나 참석한 5천여 명의 사람들은 30리약12km에 이르는 긴 행렬을 이루며 큰 동요 없이 그의 죽음을 애도했다. 유해는 상춘원을 거쳐 천도교중앙대교당을 지나 우이동 봉황각 인근에 안장되었다. 3·1운동 후 얼마 되지 않아 생을 마감한 것이 안타까웠지만 그가 지향하고자 했던 삶은 남겨진 천도교인들과 애국지사들에게 이어졌다.

인내천人乃天, 사람을 귀하게 여기다

여성운동가 주옥경

기생 출신으로 알려진 의암의 부인은 수의당守義堂 주옥경1894~1982 선생이다. 그녀는 1894년생으로 14세에 평양 기생학교에 들어가 여러 기예를 익혔고 19세 때인 1912년 5월 서울 명월관에 들어온다. 그녀는 기둥서방을 두고 행패를 부리는 기생들을 보며 무부기無夫妓조합을 만들어 나이 어리고 힘없는 기생들을 보호하고 도왔다. 이 무부기조합이 훗날 조선권번朝鮮券番으로 발전한다. 1914년 5월 16일자 매일신보 기사에는 주옥경을 '그림도 잘 그리고 가무에도 칭찬 듣는 주산월주옥경의 기명'로 기록하고 있다.

그녀는 3·1운동 당시 이미 기생을 그만두었고 의암과 혼인하여 만세운동 준비를 돕고 있었다. 의암이 민족대표로 감옥에 갇히자 그녀는 가회동 집에서 음식을 만들어 서대문형무소까지 나르기도 했고 의암의 병세가 깊어지자 형무소 인근에 옥사한 시신을 임시 보관하는 작은 초가 건물을 빌려 옥바라지를 도맡았다. 그러나 만성 위장병과 열악한 환경에 의암의 몸은 계속 악화되었고 병보석으로 풀려났으나 곧 세상을 떠났다. 주옥경은 서울에 올라온 지 10년만인 1922년 29세의 나이에 남편을 잃었으나 천도교 여성단체 내수단을 조직하고 신앙의 길과 배움의 길을 이어 갔다. 내수단은 미신타파, 문맹퇴치, 남녀평등 운동을 외쳤고 여성들의 지위 향상과 생활 개선 운동을 펼쳤다. 그녀는 사위 방정환의 권고로 일본 유학길에 올라 더 많은 공부를 이어갔고 천도교 내에서 뿐 아니라 여성운동의 지도자로 여겨지며 광복회 부회장 등을 역임하고 1982년 88세의 나이로 생을 마감했다.

어린이날 제정한 방정환

소파 방정환1899-1931 선생은 어린이날을 창시한 인물로 유명하나 그의 삶은 잘 알려지지 않았다. 중앙 총부 건물에는 방정환 선생의 사진과 자료들이 전시되어 있다. 방정환 선생은 1899년 서울에서 4대가 함께 거주하는 부유한 가족의 일원으로 태어났다. 그러나 점차 가세가 기울어 사직동의 초가로 옮겨 살며 유년 시절을 보냈다. 그럼에도 쾌활하고 밝은 성격으로 친구들과도 잘 어울렸다. 천도교 활동에 열심이었던 소년 방정환은 학업보다 신앙에 관심이 많았다. 그는 의암의 딸 손용화를 만나 결혼하면서 사회적인 입지를 가지게 되었고 더욱 활발히 천도교 운동에 뛰어든다. 3·1운동에도 손병희를 비롯한 민족대표들을 도왔고 그해 9월 천도교 청년교리 강연부를 조직해 청년운동에까지 참여한다.

문인으로서의 재능도 뛰어났다. 1920년 『개벽』지에 '어린이'라는 용어를 처음 사용하였다. 젊은이, 늙은이가 아닌 어린이라는 용어를 사용함으로써 아이들을 존중하고자 한 것이다. 당시 어린이들은 학교에 가지 않은 이들이 더 많았다. 농사일을 돕거나 도시에서 허드렛일을 하며 기본적인 배움도 없이 고된 노동에 무시당하고 천대받기 일쑤였다. 1922년 방정환 선생이 몸담은 천도교 소년회는 5월 1일을 어린이날로 선포하고 이듬해 5월 1일 첫 어린이날 행사를 천도교당에서 가졌다. 그는 1923년 잡지 『어린이』를 창간했고 천도교 소년회와 색동회 등을 이끌고 동화, 동요의 창작과 번역, 보급하는 활동도 전국적으로 펼쳐나갔다. 그의 생각은 어린이는 마음껏 뛰어놀고 자유롭게 배우는 권리를 가져야 한다는 것이다.

"희망을 살리자! 내일을 살리자! 잘 살려면 어린이를 위하라!"

천도교에서 말하는 '사람은 곧 하늘이다.'는 인내천사상은 어린이도 사람이기에 존중받아야 한다는 생각을 품고 있다. 특히 아동 시절에 교육과 변화가 인생 전체에서 굉장히 중요하다는 것을 알고 있었다. 그가 진행한 동화구연과 강연 활동은 전국적으로 큰 인기를 끌었고 그가 출연한다는 선전 포스터는 상당한 인파를 모았다. 방정환 선생은 강연과 집필을 이어가다 일제의 탄압과 출판사의 재정난 등이 더하며 스트레스와 신장염, 고혈압 등을 겪었고 31살이라는 젊은 나이에 세상을 떠났다. 한편 1927년부터는 5월 첫 번째 일요일을 어린이날로 정해 기념식을 가졌는데 해방 후 가진 5월 첫 번째 일요일이 5일 이어서 날짜가 달라지는 불편을 막기 위해 어린이날을 5월 5일로 확정하여 오늘에 이르고 있다. 그의 유훈은 오늘 우리에게도 유효하게 전해진다.

"나라와 민족의 장래를 위해 어린이에게 10년을 투자하라!"

시대정신을 묻다

봉황각과 옛 천도교 중앙총부 건물을 둘러본 후 이어진 의암의 묘소와 아내 주옥경 선생의 묘소를 찾았다. 상해임시정부에서 귀국한 백범 김구는 북한산 자락 의암의 묘를 찾았다. 천도교와 의암에 대해 김구가 어떤 마음을 가졌는지 그의 짧은 글에 잘 나타난다.

"천도교가 없었다면 3·1운동이 없었고, 3·1운동이 없었다면 중앙대

교당이 없고, 중앙대교당이 없었다면 상해임시정부가 없고, 상해 임시

정부가 없었다면 대한민국의 독립이 없었을 것이다."

종교지도자로서 교단을 지키는 것과 민족의 정신을 지키는 것 그리

고 시대적 상황 앞에 나아갈 길을 정하면서도 포용력 있게 사람들을 끌어

안으며 나아갔던 지도력! 이러한 그의 생각과 삶은 보국안민輔國安民의

동학사상에서 비롯되었을 것이다. 일제강점기 독립이라는 시대정신이 있

었고 한국전쟁기와 독재정치를 겪으며 가난 극복과 민주화라는 시대정

신이 있었다면 오늘 우리 대한민국의 시대정신은 무엇일까? 그리고 나는

지금 무엇에 가치를 두며 나의 일상을 살아가고 있는 것일까…

종로 천도교중앙대교당, 수운회관을 찾다

우이동에서 내려와 종로로 향했다. 천도교 중앙대교당을 가기 위해

서다. 천도교 중앙대교당은 안국역에서 운현궁으로 향하는 길에서 쉽게

찾을 수 있다. 의암은 천도교중앙대교당을 짓기로 하고 신축기금 모금운

동의 명목으로 3·1운동과 독립운동자금을 마련하였다. 한 가정당 10원

씩 모금하여 100만원에 가까운 자금을 마련하였다. 400여 평의 건물을

짓는데 전국적으로 단결한 천도교인이 300만 명에 가까웠으니 당시 2천

만 명이 못 되는 인구를 생각해본다면 천도교의 교세가 상당했음을 알 수

있다. 그렇게 모은 자금의 일부로 1918년 건립에 들어가 1921년 지금의

천도교중앙대교당을 준공했다. 일본은 천도교인의 결집과 운동에 민감하

며 건축규모를 줄일 것을 강제하고 설계도 일본인이 하도록 강제했다. 한국은행 본점을 설계한 나카무라요시헤이中村與資平가 설계를 맡고 후루타니도라이치古谷虎市가 감독을 맡았다. 그러나 대교당 창문이나 문양들은 전통적인 우리 문화를 표현하려는 노력이 건물 곳곳에 배어 있었다. 건물 내부는 무엇보다 기둥 없이 탁 트인 넓은 공간이 시선을 끌었다. 천도교중앙대교당 옆으로는 1971년 세워진 수운회관 건물이 자리하고 있다. 원래 이 자리에 있었던 천도교중앙총부건물이 앞서 다녀온 봉황각 앞으로 옮겨진 붉은 벽돌 건물이다. 수운회관은 천도교 독립운동가였던 최동오의 아들 최덕신의 주도로 세워졌다. 1967년부터 천도교 교령을 맡은 최덕신은 당시 대통령이었던 박정희와 친분이 두터웠고 박정희가 천도교의 표를 얻고자 수운회관을 지어주었다는 이야기까지 나올 정도였다. 높이 솟은 수운회관 건물도 역사성을 가지고 있긴 하나 천도교 중앙총부 건물이 강북 우이동으로 옮기지 않고 이곳에 여전히 자리를 지키고 있었으면 대교당과 함께 더 큰 역사적 의미가 있지 않을까 하는 아쉬움도 남았다. 수운회관 입구 앞으로는 '세계 어린이 운동 발상지'라 적힌 기념비와 방정환 선생의 글이 새겨져 있다. 이 글을 읽으며 지금 우리의 교육과 종교가 어떤 역할을 하고 있는지를 생각해보면 좋을 것 같다.

어른이 어린이를 내리 누르지 말자.
삼십년 사십년 뒤진 옛 사람이
삼십 사십년 앞 사람을 잡아끌지 말자.
낡은 사람은 새 사람을 위하고 떠 받쳐서만

그들의 뒤를 따라서만 밝은 데로 나아갈 수 있고

새로워질 수가 있고 무덤을 피할 수 있는 것이다.

-방정환

❶ 봉황각_현재 의창수도원

❷ 천도교 중앙총부(현재 수도원 별관)

❸ 태화관에 모인 민족대표

❹ 삼일독립선언유적지 기념비

❺ 천도교 중앙대교당

❻ 수운회관 앞 세계어린이 운동 발상지

❼ 탑골공원 의암 손병희 선생상

함께 걷는 독립운동의 길

봉황각 — 천도교 중앙대교당 — 태화관 — 보성사 터 — 탑골공원

봉황각
의암 손병희 선생이 인재를 양성하기 위해 북한산 자락 우이동에 세운 천도교 수도원으로 해방 후 옮겨진 천도교 중앙총부 건물과 손병희 선생 부부의 묘도 옆으로 자리하고 있다.

천도교 중앙대교당
종로에 위치한 천도교 중앙대교당은 천도교의 총본산 건물로 손병희 선생의 주도로 전국 300만 천도교인들의 성금을 모아 건축하였다. 3·1운동의 거점이자 항일운동의 장소로 사용되었고 방정환 선생이 이끈 어린이운동의 출발지이기도 하다.

태화관
현재 종로구 태화빌딩이 자리한 곳에 있던 음식점으로 1919년 3·1운동 당시 민족대표 29인(33인 중 4명은 당일 불참)이 모여 독립선언서를 낭독한 곳이다. 민족대표가 모인 그림이 태화빌딩 1층에 전시되어 있다.

탑골공원
조선시대 원각사가 있던 자리에 세워진 근대 공원으로 1919년 3·1만세운동의 불꽃이 타오른 시초가 된 장소이다. 공원 입구를 들어서면 손병희선생 동상이 세워져 있고 3·1만세운동의 이야기가 새겨져 있다.

당장 독립이 될 것이 아님을 알면서도 만세를 부른 이유는 그 험난하지만 희망의 여정에 길을 열게 된 것이다. 희망은 밝을 때 의미가 있는 것이 아닌 어두울 때 진정 의미가 있는 것이다. Hexter

역사와 문화의 마을 성북동, 심우장을 찾다

거짓을 위한 목은 헛되지만은

진실을 위한 숨은 영원히 반짝여 …

옳은 길에는 더 늘어만 나는 적,

빛을 향한 곳엔 죽음이 있는 법

2019년 MBC가 3·1운동 100주년을 맞아 방영한 〈기억록〉에서 가수 비와이가 독립운동가 만해 한용운 선생을 기억하며 부른 노래 가사의 일부이다. 승려이면서 시인이자 독립운동가로 민족대표 33인 중 한 사람이었던 만해萬海 한용운1879~1944. 그와 인연이 닿은 공간들이 전국 곳곳에 많지만 이번에 찾은 곳은 그가 마지막 생의 시간을 보낸 서울 성북동 심우장尋牛莊이다.

한양 도성의 북쪽 마을이라 성북동城北洞으로 불린 이곳은 서울 도성과 바로 접하는 곳에 자리한다. 지금도 다양한 옛 문화의 기풍을 느낄 수 있는 건물들과 근현대사와 관련한 인물의 이야기가 많이 남아있는 곳이다. 성북동을 찾아가는 시작은 지하철 한성대역 입구였다. 미술사학자로 『무량수전 배흘림기둥에 기대서서』라는 책을 쓰고 국립박물관장을 역임한 최순우의 옛집과 맞은편에는 시인 조지훈이 묵었던 방우 산장의 터를 알리는 기념물도 조성되어 있다. 조금 더 걸어 올라가니 성북역사문화센터가 있고 그 뒤로 한양 도성 성곽이 눈앞에 펼쳐졌다. 성북역사문화센터에는 성북동의 역사, 문화, 문학, 자연까지 다양한 이야기를 소개하고 있었다. 센터 맞은편에는 문화재 독립운동가로 불리는 간송 전형필이 세운 보화각간송미술관도 자리하고 있다.

성북역사문화센터를 돌아 만해 산책공원으로 심우장을 찾는 방법이 보편적인 답사길이지만 나는 서울 산동네의 옛 정취를 느낄 수 있는 북정마을을 통과하기로 했다. 북정마을 한 편에는 교과서에서 배우던 김광섭의 '성북동 비둘기'라는 시가 새겨져 있다. '번지를 잃고 쫓기는 새가 된 비둘기'라지만 북정마을에는 여전히 비둘기가 내려앉을 작은 텃밭, 장독 등의 자리가 남아있어 정취가 느껴졌다. 북정마을 골목골목을 돌아 고개를 넘어 심우장을 찾았다. 좁은 골목이라 차도 다닐 수 없는 거리였지만 대문에 들어서니 작은 마당과 집 한 채가 자리하고 있었다.

승려의 길, 사회 참여로 이어지다

1879년 충청남도 홍성군에서 태어난 만해만해는 호, 용운은 법명, 호적상 본명은 정옥는 16세에 홍성읍 서당에서 아이들을 가르칠 정도로 학문에 재주를 보였다. 1894년 일어난 동학농민운동에 가담하여 활동하기도 했으나 고향인 충남 홍성을 떠나 1896년 설악산 오세암에 들어가 은신하며 불교의 가르침을 배웠다. 그 후 더 큰 세상을 보려 시베리아를 찾기도 했으나 을사늑약이 체결된 1905년 27세의 나이로 설악산 백담사를 찾아 정식으로 출가해 승려의 길을 걷는다.

그는 암울한 시대를 등지며 종교에만 심취하지 않았다. 불교의 현실 참여와 대중화 그리고 불교계의 개혁에 노력하였다. 1909년『조선불교유신론』을 집필하기 시작했고 한문과 인도어로 된 불교 경전을 한글로 번역하여 일반인들이 불교의 가르침을 쉽게 접근할 수 있도록 하였다. 대중을 이해하기 위해 가장家長의 삶을 살아보는 것이 필요하다고 여겨 승려의 결혼을 허가해 줄 것을 요청했으나 받아들여지지 않았다. 그러나 훗날 만해는 결혼을 하였고 자녀까지 둔 삶을 살았다. 국권을 빼앗긴 뒤에도 그의 개혁적인 행보는 계속되었다. 1914년 조선불교 청년동맹을 결성하였고 전국에 있는 사찰을 돌며 강연을 하며 1917년 조선불교회 회장에 취임하였다. 그의 불교 사상은 산사에 머물지 않고 길가로 나오는 것이었으며 승려가 아닌 대중을 지향하는 삶이었다.

민족대표 한용운의 「조선독립의 서書」

불교계에서 활발하게 대중운동을 일으킨 만해는 3·1운동 민족대표 33인 중 불교 대표로 백용성과 함께 참여한다. 종교는 달라도 독립을 바라는 마음은 같았다. 그러나 민족대표들 안에는 독립을 청원하느냐 선언하느냐로 갈등이 있었고 만해는 뚜렷한 행동 강령이 없는 선언서의 내용을 비판하며 공약 3장이 들어가도록 했다.

> 하나. 오늘 우리들의 이 거사는 정의 인도 생존 번영을 위하는 겨레의
> 요구이니, 오직 자유의 정신을 발휘할 것이요, 결코 배타적 감정으로
> 치닫지 말라.
> 하나. 마지막 한 사람에 이르기까지, 마지막 한순간에 다다를 때까지,
> 민족의 정당한 의사를 시원스럽게 발표하라.
> 하나. 모든 행동은 가장 질서를 존중하여, 우리들의 주장과 태도를 어
> 디까지나 떳떳하고 정당하게 하라.

만해는 3·1운동의 주도자로 체포되어 3년 형을 선고받고 서대문형무소에 수감되었다. 일제의 전향서轉向書를 거부하였고 보석과 변호 또한 거부하며 3년 형을 그대로 살았다. 그의 단호하고 과감한 언행은 옥중에서 쓴 「조선독립의 서」라는 글에 잘 나타난다. 『기미독립선언서』만큼 잘 알려지지 않은 글이고 일제강점기 당시 국내에 소개되지 못했으나 이 글은 비밀리에 상해임시정부에 전해져 '조선독립에 대한 감상의 대요'라는

제목으로 임시정부가 발행한 『독립신문』에 실리기도 했다. 총 5장으로 구성된 「조선독립의 서」는 자유와 평화에 대한 내용으로 시작해 조선의 독립, 총독부의 정책 비판과 세계 평화를 향한 독립 의지를 논리적으로 쓴 탁월한 글이었다.

어찌 자기 나라의 수천 년 역사가 외국의 침략에 의해 끊기고, 몇 백몇 천만의 민족이 외국인의 학대 하에 노예가 되고 소와 말이 되면서 이를 행복으로 여길 자가 있겠는가? … 각 민족의 독립 자결은 자존성의 본능이요 세계의 대세이며, 하늘이 찬동하는 바로써 전 인류의 앞날에 올 행복의 근원이다. 누가 이를 억제하고 누가 이것을 막을 것인가?

이런 만해의 논리 정연한 주장에 일본인 검사조차도 "당신의 이론은 정당하나 본국 정부의 방침이 변함없으므로 어쩔 수 없다."고 말한 뒤 더는 그를 설득하지 못했다고 한다. 두려움 없는 그의 기개는 그와 함께 한 많은 이들과의 대화에서도 드러났다. 3년의 옥살이를 마치고 출옥하는 날, 자신에게 인사하러 온 환영객들을 향하여 만해는 뼛속 깊은 말을 남겼다.

"나를 환영하러 나올 것이 아니라 환영받는 사람이 되어라."

끝까지 저항한 시대의 작가

1919년 3·1운동은 일제의 통치 방법과 독립운동의 방향에도 많은 변화를 가져왔다. 3·1운동의 영향으로 국내외에 조직된 임시정부가 상해 임시정부로 통합하였고 국내에는 사회문화 운동이 일어났고 국외에서는 무장투쟁 운동이 활발히 일어난다. 그러나 일제의 문화통치라 불리는 기만적 통치는 우리 민족을 분열시키고 식민통치와 타협하도록 유도했다. 지식인들의 연이은 변절과 투항이 많았던 1920년대의 한 가운데 선생은 백담사에서 『님의 침묵』을 집필한다.

님은 갔습니다. 아아 사랑하는 나의 님은 갔습니다.

일반적인 시의 형식에 얽매이지 않고 쓴 산문시에서 말하는 '님'은 누구를 가리킬까? 그가 슬퍼하며 떠나보낸 '님'은 잃어버린 조국일까? 아니면 연모했던 사람이나 부처님일까? 혹 이광수처럼 친분 있던 문인들의 변절과 투항을 아쉬워하며 그들을 지칭한 것은 아닐까? 감당할 수 없는 절망감을 다양한 상징적 표현을 통해 아름다운 문학으로 표현한 『님의 침묵』은 슬픔이라는 이미지로만 끝나지 않는다. 시의 후반부에 나오는 것처럼 그는 떠나보낸 '님'을 다시 만날 것을 믿으며 자신은 '님'을 보내지 않았다는 희망의 메시지와 의지를 담아내며 사랑의 노래를 이어간다.

우리는 만날 때에 떠날 것을 염려하는 것과 같이 떠날 때에 다시 만날 것을 믿습니다.

1920년대는 많은 민족주의 지사들이 일제의 식민통치를 인정하며 일본과 타협한다. 그 과정에서 타협한 민족주의자들에 대한 반감과 새롭게 유입된 사회주의 사상이 급속히 대중사회에 퍼져나갈 때였다. 그때 국내외에서 일어난 운동이 민족유일당운동인데 국내에서의 그 결실이 신간회1927였다. 정치적 경제적 각성과 단결을 공고히 하며 기회주의를 일체 부인한다는 행동 강령을 바탕으로 한 단체였다. 일본에 굴복하지 않은 민족주의자, 사회주의자, 종교인, 사회단체 등이 망라된 조직적인 단체였다. 만해도 불교계를 대표해 경성지부 중앙 집행위원으로 활동했다. 그의 활동 중에 눈에 띄는 것은 청년에 관심을 두었다는 점이다. 1929년 광주학생항일운동이 일어났을 때에도 전국적인 민중 대회를 일으키려 시도했고 그 후 불교 청년운동을 계속해 조선불교청년회, 조선불교 청년동맹 등 산속에 머물러 있는 불교가 아닌 독립사상의 고취와 일상 속 가르침의 실천하는 불교로 그 중심에 청년들을 세우려 노력하였다. 그는 총독부에 순응하며 일본 불교에 흡수돼버린 조선불교계를 날카롭게 비판하며 당시 조선팔도의 주요 사찰 주지 31명이 모인 자리에서 이같이 말하였다. 자문자답하며 강연한 내용을 요약한다.

"세상에서 가장 더러운 것이 무엇인 줄 아는가? 똥이다. 그 똥보다 더 더러운 것이 있으니 그것은 송장 썩는 것이다. 똥 옆에서는 식음을 할 수 있어도 송장 썩는 옆에서는 차마 음식이 입에 들어가지 못하기 때

문이다. 그러나 시체보다 더 더러운 것이 있으니 무엇이겠는가? 바로

너희 31본산 주지 네 놈들이다."

만해 선생이 오늘날 우리나라 종교계를 본다면 무어라 말씀하실지

궁금해진다.

유일한 조선 땅, 심우장

1931년 만해는 21살이나 연하인 유숙원과 재혼한다. 그녀는 단성사

옆 진성당 병원의 간호사로 일하였는데 주변의 권유로 만해와 결혼하고

다음 해 딸 영숙을 낳는다. 아내와 아이가 생기자 주변 지인들의 도움으

로 그의 거처가 마련되는데 그곳이 바로 심우장이다. 1933년 벽산스님이

성북동 한편에 집터를 내어주었고 평소 글을 쓰며 친분을 쌓았던 방응모

조선일보 사장등의 도움으로 소박하나마 집을 짓고 이름을 심우장尋牛莊으

로 지었다. '심우尋牛'는 불교에서 수행을 통해 본성을 깨닫는 과정을 잃

어버린 소를 찾는 일에 비유한 심우도尋牛圖에서 유래한 말이다. 소는 불

교에서 진리를 뜻하는 것으로 심우장은 '진리는 찾는 집'이란 뜻이다. 사

적 제550호로 지정된 심우장의 한옥 현판은 민족대표의 한 사람인 위창

오세창이 쓴 것이다. 심우장을 돌아보는 것은 오래 걸리지 않는다. 그만

큼 소박하게 지어진 한옥에 작은 마당을 간직한 공간이다. 그러나 심우장

의 내력을 소개한 글에는 자부심이 느껴진다. 조선총독부 청사를 마주보

기 싫어 북향으로 집을 지었다는 유명한 일화와 함께 일제강점기 민족의

혼을 간직한 유일한 조선 땅이라는 표현과 송림 속 산방에 손수 심은 향나무 한 그루가 지금도 곧게 우뚝 서 있었다. 그리고 심우장은 만해의 기개와 청빈한 삶이 그대로 묻어난 공간으로 식민지 후반부 갈수록 어둡게만 보이던 조국에 한 줄기 빛과 같은 곳으로 여겨져 다양한 인사들과 청년들이 찾아왔다. 그는 조국의 장래를 걱정하는 청년들에게 희망의 말을 남겼다.

> "조금도 실망하지 말게. … 몸과 마음을 바르게 가지고 사람의 본분을
> 잘 지키면 자연히 다른 세상이 올 것일세."

심우장을 소개하는 안내문 옆에는 독립운동가 일송 김동삼의 이야기도 남겨져 있다. 김동삼은 경북 안동 출신으로 1911년 1월 남만주 유하현 삼원포에서 이상룡, 이회영, 이동녕 등과 함께 독립운동단체 설립에 참여하였다. 10여 년간 2천여 명의 졸업생을 배출한 신흥무관학교의 설립자 중 한 사람이 김동삼이었다. 그는 서대문형무소에서 갖은 고문을 받고 옥중에서 순국한다. 그러나 김동삼의 시신을 수습할 가족은 멀리 만주에 있었고 누구도 두려워 그를 돕지 못하고 있을 때 만해가 나섰다. 시신을 심우장으로 수습해와 장례를 치러준 것이다. 만해는 김동삼의 관 위에 앉아 울부짖고 식음을 폐하며 술만 마시며 슬퍼했다고 한다. 방우산장에 머물렀던 시인 조지훈은 당시 김동삼의 장례식에 참여했는데 20여 명이 모여 조촐한 장례식이 치러졌고 일송의 유언대로 화장되었다고 한다. 김동삼의 유해를 장례 치른 1937년 일본은 중일전쟁을 일으켰고 곧이어 태평

양으로 전장戰場을 넓혔다. 일본은 내선일체, 황국신민을 주장하며 신사
참배와 창씨개명 등을 강요하였으나 만해는 행하지 않았음은 물론 조선
인의 학병 출정을 반대하였고 일장기 게양 또한 거부했다.

> 나라 없는 몸, 무덤은 있어 무엇하느냐
>
> 내 죽거든 시신을 불살라 강물에 띄워라
>
> 혼이라도 바다를 떠돌면서 왜적이 망하고
>
> 조국이 광복되는 날을 지켜보리라
>
> -김동삼의 옥중 유언

꼿꼿한 절개, 타협을 거부하다

만해가 교류했던 인물 중에는 오늘날 친일파로 불리는 인사들도 여
럿 있다. 어찌 친일 인사들과 교류할 수 있냐고 비판할지도 모르겠다. 하
지만 당시 친일 인물 중에는 일제에 타협하면서도 독립운동가와 친분을
맺고 도움을 준 이들도 꽤 있었다. 그는 조선일보에 글을 기고하면서 방
응모와 가까웠고 인촌 김성수, 춘원 이광수, 좌옹 윤치호 등과도 교류할
정도로 관계가 넓었다. 그러나 만해는 일본의 통치를 지지하거나 전쟁에
조선인의 동원을 권유하는 글은 쓰지 않았다. 다양한 이들과 교류하였으
나 타협은 하지 않은 것이다. 그러나 그토록 보고 싶었던 조국 독립의 순
간을 끝내 보지 못했다. 중풍과 영양실조 등으로 고생하며 해방을 1년 앞
둔 1944년 6월 29일 66세의 일기로 세상을 떠났기 때문이다. 그리고 망

우리 공원에 잠들게 되었다. 만해가 걸어간 길은 항상 과감하고 파격적이었다. 불교가 산사에만 머물러서는 안 된다는 신념으로 도시에서 대중과 함께 살아갔고 승려의 결혼도 자유롭게 돼야 한다고 주장하며 본인이 직접 재혼한 후 자녀까지 두었다. 당시 불교계에서는 바른 말을 하는 그를 부담스러워하였으나 그는 불교계와 사회 개혁, 그리고 독립운동가로서 자신이 생각하고 믿는 바를 행동에 옮기는 삶을 살았다.

늦은 오후 심우장 곳곳을 살펴보고 만해의 삶을 회고하며 심우장 문턱에 걸터앉았다. 혹자는 만해가 보인 승려로서의 삶이 독특하다고 할지도 모르겠다. 그러나 승려이든 목사이든 신부이든 그 건물 그 종교 안에만 머물러 있는 것이 과연 참된 길道일까? 종교 안에 머무르고 권력에 순응하며 사회의 문제와 약자들을 외면하는 모습은 올바른 신앙인의 자세가 아니라고 생각한다. 만해는 삶으로 우리에게 보여주었다. 이런 생각을 하다 보니 위당 정인보 선생의 말이 더 새롭게 다가왔다.

"인도에는 간디가 있고 조선에는 만해가 있다."

심우장을 나와 만해 산책공원 길이 조성된 아래쪽 골목을 따라 내려갔다. 만해 선생을 기념하는 말들이 기둥 곳곳에 걸려 있었다. 좁은 골목 계단을 내려와 만해의 동상이 새겨진 만해 산책공원 입구에 다다랐다. 선생의 동상은 흐트러지지 않은 자세로 앉아 침묵하는 듯 보이지만 이곳을 지나는 이들에게 무언의 말을 하는 것만 같았다. 한참을 바라본 후 공원 입구에서 버스를 타고 다시 성북동을 돌아 나왔다. 성북동은 북정마을과 대비되는 대사관들과 부촌마을도 공존하는 곳이다. 그래서 심우장 외에도 우리 현대사의 시간여행을 하기 좋은 동네이다. 조선왕조 한양 도성길과 삼청동에서 북악스카이웨이로 이어지는 도심 속 자연, 예술가들이 남긴 발자취, 근현대사의 변화와 추억까지 간직하고 있는 성북동과 심우장, 다시 찾고 싶은 마을이다.

"나를 환영하러 나올 것이 아니라

환영받는 사람이 되어라."

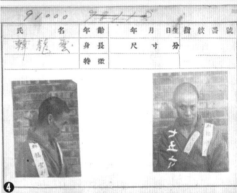

❶ 심우장으로 오르는 골목길
❷ 성북동 심우장
❸ 『조선독립의 서』 육필원고
❹ 만해 한용운 선생의 수감증
❺ 심우장에 걸린 한용운 선생 초상화
❻ 조선총독부를 등지고 있는 심우장
❼ 만해 산책공원 한용운 선생 동상

함께 걷는 독립운동의 길

심우장   한용운 묘소   만해당   한용운 생가   만해기념관   백담사&만해마을

심우장
만해 한용운 선생이 생애 마지막을 보낸 곳이다. 성북동 북정마을 아래 작은 골목길에 자리한 이곳은 북향으로 건물을 지었는데 이는 조선총독부 쪽을 바라보지 않기 위해서라고 한다. 만해 산책로를 따라 마을을 내려오면 만해 선생의 글과 삶을 엿 볼 수 있다.

한용운 망우리 묘소
서울 중랑구 망우리에는 한용운 선생을 비롯한 독립운동가 묘소가 자리하고 있다. 한용운 선생의 묘안 내판에는 건국훈장 대한민국장이라는 말과 함께 "님은 갔지만은 나는 님을 보내지 아니하였습니다. 제 곡조를 못 이기는 사랑의 노래는 님의 침묵을 휩싸고 돕니다."라는 글이 남겨져 있다.

만해기념관_남한산성
남한산성에 세워진 만해기념관은 한용운 선생의 삶과 글은 물론 선생 친필 판화체험, 님의 침묵 시화 부채 만들기 등 다양한 체험을 할 수 있는 공간으로 꾸며져 있다.

만해마을
독립운동가이자 시인이었던 만해 한용운 선생의 수행공간이자 시집 『님의 침묵』을 집필한 백담사를 배경으로 2003년 조성된 마을이다. 만해마을은 휴식과 치유, 힐링하우스, 소통과 교감의 휴먼 빌리지, 탐구와 대화의 아카데미 캠프를 준비하고 있다.

서대문 형무소에서 찍힌 수형사진은 모두가 비장한 표정을 지었지만 한용운의 표정만큼 당당하고 우쭐대는 듯한 표정은 없는 것 같다. '어디 내 정신을 가둘 테면 가둬보라' 고 말하는 듯 하다. ^{Hexter}

우리는 흔히 안동하면 하회마을이나 서애 류성룡 선생의 병산서원, 그리고 퇴계 이황의 도산서원 등을 떠올리기 쉽다. 물론 이들 장소도 빼어난 경관과 탁월한 인물을 만나기에 손색이 없는 곳이다. 그러나 이번에 찾아간 곳은 안동과 관련된 독립운동의 이야기를 간직한 곳이다. 경북뿐 아니라 전국에서 가장 많은 의병과 독립운동가를 배출한 곳, 안동! 도대체 무엇이 안동을 전국에서 가장 많은 독립운동가를 배출한 고장으로 만들었을까? 그런 의문을 품고 대한민국 임시정부 국무령을 지냈던 석주石洲 이상룡1858~1932선생의 고택 '임청각'을 찾았다.

석주 이상룡을 만나러 가다

임청각을 찾아가는 길은 잘못하면 헤맬 수 있다. 철길을 따라 좁은 길을 한참 따라 들어가야 만날 수 있기 때문이다. 철길 반대쪽 넓은 도로

쪽에서 찾아간다면 지하 통로를 지나서 들어가야 한다. 철길과 고택 사이 좁은 길에는 고성이씨 종택도 남아있고 길 가운데 법흥사지 7층 전탑도 자리하고 있다. 철도보다 분명 절과 집이 먼저 들어섰을 텐데 왜 이리 집과 철길이 가깝게 놓여 있을까? 그 이유는 이 집안의 이야기를 알게 되면 해답을 찾을 수 있다. 추운 겨울이라 찾는 이들이 뜸하였지만 처음 방문하는 설렘으로 고택 안을 돌아보았다.

임청각의 역사

임청각 입구에는 '국무령 이상룡 생가'라는 문패가 붙어 있다. 임청각 건물은 1519년 낙향한 이명이 지었고 1767년 허주 이종악이 고쳐 지었다. '동쪽 언덕에 올라 길게 휘파람 불고 맑은 시냇가에서 시를 짓는다'는 중국 도연명陶淵明의 『귀거래사』의 시구를 이용해 건물의 이름을 지었다고 한다. 임청각은 뒤로는 영남산, 앞에는 낙동강이 흐르는 배산임수의 타고난 지형에 자연과 조화롭게 건축한 조선의 대표적인 양반 주택이었다. 이곳은 사대부가 지을 수 있는 최대 크기인 99칸의 건축 규모였으나 현재는 일본이 중앙선 철도를 건물 위에 가로질러 놓는 바람에 40여 칸의 부속건물이 사라지고 60여 칸만 남은 모습이다. 실제 중앙선 철도를 이 길로 내지 않아도 되었으나 일본은 한 집안에서 다수의 독립운동가가 나온 임청각이 눈에 가시 같았고 그래서 일부러 마당을 가로질러 철길을 놓은 것이다. 그래도 다행인 것은 임청각 복원계획이 나왔고 완전한 복원을 위한 작업이 진행되고 있다는 소식이었다. 그동안 우리에게 잘 알려지지 않았던 석주 이상룡 선생의 연구와 삶도 새롭게 조명되고 있다는 것이 다행스러웠다. 임청각은 현재 고택 체험이란 이름으로 숙박까지 할 수 있게 마련되어 있었다.

임청각은 『죽기 전에 꼭 가봐야 할 세계의 건축물 1001』에 소개되기도 한 곳이다. 국내에 많은 전통 한옥 체험장이 있으나 역사적 삶의 이야기까지 간직한 명문가 고택에서 숙박 체험을 하는 것은 또 다른 의미가 있을 것이다. 경주 최부자집과 더불어 임청각은 대표적인 명가의 고택 체험이라 할 수 있을 것이다. 길게 이어진 사랑채에는 임청각에 대한 소개와 석주 이상룡의 이야기, 또 진행하는 프로그램들에 대한 안내지가 붙어 있었다. 그리고 건물을 돌아서자 '임청각 작은 전시관'이라 팻말이 붙은 공간이 꾸며져 있었다. 입구 정면으로 단정한 차림의 긴 수염을 한 석주의 사진이 놓여 있었는데 그의 품위와 인격을 짐작할 수 있는 인상 깊은 사진이었다. 한 집안에서 9명이나 되는 독립운동가가 배출되고 종부까지 합하면 11명의 독립운동가가 배출된 집안이었고 처가와 사돈, 친척까지 더하면 무려 40여 명의 독립운동가를 배출한 집안이 안동 석주의 집안이다. 왕산 허위, 시인 이육사의 집안과도 관련이 있었다. 그렇다면 전통과 명망이 있던 양반가 석주의 가문은 어떻게 독립운동의 전선에 뛰어들어 멀리 서간도까지 가게 되었을까?

독립운동의 걸음을 떼다

경북은 퇴계의 유학 전통이 강하여 신교육과 새로운 문물을 수용하는 일은 조금 늦었다. 석주도 퇴계의 학문을 이어오던 전통적 유림으로 의병운동을 통해 항일의 의지를 나타내기도 했다. 그러나 1905년 을사늑약을 거치며 성리학 중심의 정치체제로는 제국주의로 무장한 일본과 외세의 침략에 맞설 수 없음을 깨닫고 신문물을 받아들여 새로운 세상을 준비해 나갔다. 그는 정통 성리학에서 배척한 양명학도 수용하는 등 실천적 지식인의 삶을 살고자 개방적인 태도를 가졌다. 『석주유고』에는 이러한 선생의 결의가 잘 담겨 있다.

> 민은 나라의 주인이다.
> 민이 강하면 나라가 강해지고 민이 약하면 나라가 약해진다.
> 민이 모이면 나라가 공고해지고 민이 흩어지면 나라가 공허해진다.
> 이에 원근의 동지들과 더불어 지회 한 단체를 조직하니
> 취지는 정치, 교육, 산업이며 목적은 국가를 보호하고
> 집안을 보호하고 종족을 보호하는 것이다.

이렇듯 혁신 유림이 등장하여 계몽운동을 실시하고 새로운 길을 모색해갔다. 신교육을 통해 대중을 깨우고 다양한 단체들을 조직하거나 서울에 있던 단체의 지회를 개설해 활동을 이어갔다. 석주 역시 협동학교를 세워 후진을 양성하였다. 한편 신민회에 참여하여 활동한 이들 중에는 1910년 한일합병으로 나라를 빼앗기자 독립운동기지를 세우기 위해 국경을 건너는 이들이 있었는데 서울 우당 이회영 가문과 안동 임청각의 석주 이상룡 가문 등이 그 대표적인 인물들이었다. 해외 독립운동기지 건설

을 결정한 뒤 조상들의 위패를 땅에 묻고 노비 문서도 다 불태웠다. 집안 가솔들은 자신의 원함에 따라 떠나거나 함께 독립운동의 길에 동참하게 했다. 국권을 강제로 빼앗은 일본은 전국의 양반들을 자기편으로 만들고자 은사금 명목으로 돈을 나누어 주지만 석주는 단호히 거부하며 1911년 압록강을 건넜다. 고국을 떠나며 그가 읊은 시에 슬픈 마음이 묻어난다.

나라를 떠나며 읊은 시 「거국음去國吟」

더 없이 소중한 삼천리 우리 강산

선비의 의관 예의 오백년 지켜왔네

그 무슨 문명이 노회한 적 불러들여

꿈결에 느닷없이 온전한 나라 깨뜨리나

이 땅에 적의 그물 쳐진 것을 보았으니

어찌 대장부가 제 한 몸을 아끼랴

잘 있거라 고향 동산 슬퍼하지 말아라

태평한 그날이 오면 돌아와 머물리라

석주가 꿈꾼 좋은 세상, 독립운동가들이 그토록 바라던 온전한 조국 독립과 문화국가를 우리는 어디까지 이루고 누리며 살고 있을까? 안채로 들어가 좀 더 그의 삶을 되짚어 보았다. 건물 내부로 들어가니 우물과 우물마루, 우물 방이 있었다. 천지의 기운이 모인다는 우물 방은 여러 명의 정승이 난다는 이야기가 전해지는 곳이다. 우물 방은 '용천수가 솟는다' 하여 붙여진 이름으로 이상룡 선생을 비롯한 많은 이들이 이 방에서 출생했다. 건물의 형태도 일日과 월月을 합해 용用자 형태로 지었는데 이는 해와 달을 지상으로 불러 천지의 화합을 이끌어 내겠다는 바람이 표현된 것이라고 한다.

서간도 독립운동기지

안채에 우물과 우물 방을 둘러본 후 군자정에 들어갔다. 이곳은 별당과 같은 정자 형태의 건물로 퇴계 선생의 친필 현판이 걸려 있었다. 출입구는 두 곳으로 주인이 드나드는 서쪽 돌층계와 손님들이 다니는 남쪽 돌층계로 구분되어 있다. 석주는 고향 산천을 떠나며 군자정을 비롯한 임청각 전체를 팔아 독립운동 자금으로 활용한다. 누구는 일제강점기 지방에서 양반 행세하며 지주로 유지로 큰소리치며 살았으나 그 길보다 힘들고 어렵고 좁은 길이었지만 그것이 옳은 길이라 믿으며 선택한 이들도 있었다. 석주는 어렵게 식솔들과 압록강을 건넜으나 그곳에도 반겨주는 사람이나 따뜻한 보금자리는 기대할 수 없었다. 압록강을 건너며 그는 그런 심경을 시詩로 표현했다.

삭풍은 칼보다 날카로워 나의 살을 에이는데
살은 깎이어도 오히려 참을 만하고
창자는 끊어져도 차라리 슬프지 않다
이미 내 집과 토지 다 빼앗고 내 처자도 넘보는데
이 머리 잘릴지언정 무릎 꿇어 종이 될 수는 없다

석주는 안동에서 추풍령고개를 넘어 한양에 다다른 뒤 신의주를 지나 압록강을 건넜다. 단동에서 환인현 횡도촌을 지나 서간도라 부르는 유하현 삼원포 일대에 도착했다. 이천오백 리 망명길이었다. 우여곡절 끝에 이주한 백여 가구와 경학사라는 단체를 조직하고 대표로 이상룡, 내무부장은 이회영, 재무 담당은 이동녕이 맡았다. 서간도 독립운동의 시작을 알리는 순간이었다. 그때 그의 나이 53세였는데, 당시로 본다면 나라를 빼앗겼어도 일본에 잘 협조한다면 편안히 여생을 보낼 수 있는 지위와 여건이었다. 그러나 그의 생각은 머리가 잘릴지언정 무릎을 꿇어 종이 될 수 없다는 확고한 신념이 있었기에 뼛속까지 시린 추위를 뚫고 사람들을 이끌며 망명길에 오를 수 있었던 것이다. 그리고는 아들 준형을 다시 안동으로 몰래 보내어 토지 구입과 무기 구입을 위해 남은 전답과 가옥을 매각하도록 지시했다.

　군자정 내부로 들어가 보았다. 특별하지도 않은 작은 방에 눈길을 끄는 것은 온 방을 둘러싸듯 걸려 있는 독립운동 유공자 표창이었다. 대부분 낯선 인물이었다. 500년을 이어온 전통의 가문에서 혁신 유림으로 활동하며 서양의 신문물을 수용하고 나라와 민족을 위해 결연히 자신의 삶을 바친 인물들이었다. 저마다 받은 독립유공자 서훈의 등급도 다르고 또 어떤 이는 표창을 받지 못한 분도 있었으나 석주의 가문은 대를 이어 독립을 위한 삶을 살아왔다. 99칸의 큰 저택을 팔고 만주로 삶의 터전을 옮기는 선택은 결코 쉬운 선택이 아니었다. 종가인 임청각을 판 일로 인하여 문중과 가문에 손실을 끼친 죄인으로 몰리기도 했고 얼마 남지 않은 재산마저도 다 써버려 남의 집에 기거하거나 후손들은 고아원을 전전하기도 했다. '그 시대에는 다들 친일하며 그렇게 살았다'고 말할 수 없는 이유는 그렇게 살지 않은 석주 가족들과 같은 이야기가 남아있기 때문이다.

서간도 독립운동과 임시정부 국무령

석주는 서간도에서 우당 이회영과 함께 독립운동 단체인 경학사를 설립해 운영하였고 신흥강습소란 이름으로 무장독립투쟁을 위한 학교를 세웠다. 신흥강습소란 이름은 곧 신흥무관학교로 발전해 많은 독립운동가를 배출하는 요람으로 성장한다. 서간도에서는 중국인과도 함께 살아야 했기에 단발과 중국인 복장을 취했다. 어떤 이는 단발을 한 석주를 비판하기도 했으나 그에게 중요한 것은 자주독립이었지 옛 형식이 아니었다. 실질적으로 정착에 가장 큰 어려움은 땅을 매입하거나 거주할 수 있도록 지방의 관리나 지주들이 허락하지 않고 방해하는 경우가 많다는 것이다. 이때 이회영은 당시 중국의 지도자였던 위안스카이袁世凱가 한국에 왔을 때 친분을 쌓아둔 덕에 한인들이 정착할 수 있도록 도움을 받을 수 있었다. 그러나 재정적 어려움과 여러 가지 난관에 부딪혀 첫 번째 정착지였던 유하현 추가가 일대를 떠나게 되었고 두 번째로 정착한 곳이 통화현 합니하 일대였다. 경학사 또한 부민단에서 부민회로 발전하였다. 부여의 옛 땅에서 부여의 후손들이 세운 단체라는 뜻이었다. 석주는 직접 『대동역사』를 집필해 신흥무관학교 학생들에게 가르치기도 했고 3·1운동이 있기 한 달 전 만주 독립운동가들이 모여 「무오독립선언서」를 발표하는

데도 참여하였다. 만주지역의 독립운동가들이 갖고 있는 생각은 외교론이나 실력 양성론보다 무장 투쟁론이 우세했기에 「무오독립선언서」의 내용은 무장 독립 전쟁을 통한 독립에 초점이 맞추어져 있었다. 석주는 무장 독립 투쟁을 준비했으나 해외 각 곳에 임시정부가 여러 갈래로 나누어지길 바라지는 않았다. 석주의 설득과 노력으로 임시정부는 상해에 두고 서간도와 북간도지역의 군정부는 임시정부 예하의 군정서라는 이름으로 두기로 하였다. 그래서 서간도에는 석주의 서로군정서, 북간도에는 대종교계열의 북로군정서라는 이름의 단체들이 활동하게 되었고 이들이 곧이어 1920년에 일어난 봉오동, 청산리전투에서 큰 활약을 펼쳤다.

그러나 석주의 뜻대로 임시정부는 통합과 하나 된 힘을 발휘하지 못했다. 이승만이 대표로 추대되자 신채호를 비롯한 강경파들은 반대했고 이승만의 '국제연맹위임통치 청원사건'이 알려지면서 더욱 큰 다툼이 일어났다. 그에 더해 이승만은 논란 끝에 국무총리로 선출되었으나 상해 임시정부를 찾아오지 않았고 대통령이란 이름을 칭하며 재정권 등을 요구하였다. 이승만은 1920년 연말이 다 되어서야 상해에 도착했지만 대립은 더 깊어져만 갔고 독립운동가들을 하나로 결속시키지 못했다. 이런 혼란 속에 실망한 상당수 독립운동가들이 기존의 독립운동 근거지로 돌아가거나 상해를 떠났다. 급기야 1923년 국민대표회의에서 창조파와 개조파의 갈등이 커지고 회의가 결렬되자 김구를 비롯해 몇 안 되는 인사만 임시정부에 남고 대부분 자리를 떠났다.

이때 만주와 연해주 일대 인사들에게 영향력을 미칠 인물로 석주가 국무령대통령으로 추대되었다. 석주는 70에 가까운 나이였다. 그는 하나

된 독립운동단체를 조직해 힘을 모은다는 생각으로 연로한 나이에도 상해로 거처를 옮겼지만 선임된 국무위원들은 상해로 오지 않았다. 1920년대 상해 임시정부의 위상은 그만큼 떨어져 있었던 것이다. 석주는 아쉬웠으나 그저 가만히 국무령 직에 앉아 있을 수도 없었다. 자리만 지키기보다 그 자리를 내려놓고 다시 만주로 돌아왔다. 그리고 독립운동과 교육운동에 힘쓰다 1932년 5월 길림성 작은 마을에서 병으로 생을 마감한다.

사당에 올라 석주와 가족을 추모하다

군자정 오른쪽에 위치한 사당을 찾았다. 임청각을 떠나며 위패까지 다 묻어버릴 정도로 단호한 결단을 하고 떠났던 만주행 여정이었다. 그는 마지막 유언을 남겼다.

"나라를 되찾기 전에는 내 유골을 고국으로 가져가지 말라."

석주의 유고를 갖고 귀국한 아들 이준형은 일제의 고문과 협박, 변절 요구를 뿌리치고 『석주유고집』을 정리한 후 1942년 "일제 치하에서 하루를 더 산다는 것은 하루의 치욕을 더 보탤 뿐이다."라는 유서를 남기고 자결했다. 이준형의 아들이자 석주의 손자인 이병화도 해방을 맞았으나 고문 후유증으로 일찍 생을 마감했다.

사당 안에서 잠시 혼자 생각해보았다. 국가는 이들에게 나라를 위해 목숨을 바치라고 말한 적이 없다. 마찬가지로 나라를 팔아먹은 이들에게도 그렇게 협조하라고 지시한 적이 없다. 모두가 자신의 생각과 판단에서 나온 서로 다른 행동이었다. 그렇다면 그 선택은 언젠가 후대에 제대로 된 평가를 받아야만 할 것이다. 독립운동을 위해 목숨을 바친 이들에 대한 국가의 예우, 그리고 친일 협력으로 인한 부의 축적과 권력을 가진 이들에 대한 징벌 등⋯ 그러나 한국 사회가 걸어온 현대사는 이 평가에 대해 미온적이었다. 이념의 갈등으로 일어난 전쟁과 오랜 가난과 독재를 거치며 한국 사회는 과거 일본의 식민통치 시절의 유산을 제대로 정리하고 새로운 길로 나아가는 일에 한계가 많았다. 그러나 이제 더는 과거의 지난 일로 덮어두어서는 안 될 문제이다. 놀라운 경제 성장과 외적인 발전을 이루었지만 내적인 의식의 각성이 필요하기 때문이다. 단추가 잘못 잠겼다면 시간이 오래 걸리더라도 다시 하나, 하나 풀어 새롭게 채워야 바른 옷매무새가 되듯, 우리 역사에서도 국가와 시민이 관심을 가져 올바른 역사의식이 무엇인지 고민하고 어떠한 삶과 선택을 하며 살아갈지 함께 뜻을 모아야 한다고 생각한다.

대통령, 임청각을 방문하다

살아온 삶의 무게보다 잘 알려지지 않은 석주 이상룡의 삶은 문재인 대통령이 임청각을 방문하면서 다시 한 번 우리 사회에 조명을 받았다. 대통령이 직접 안동 임청각을 찾아 후손들을 만났고 그의 독립유공자 서훈 조정과 임청각 복원의 이야기를 나누었기 때문이다. 그 후 많은 학생과 인사들이 이곳을 찾아 독립만세운동을 재현하거나 행사를 열기도 했다. 나는 항상 강의나 역사 기행에서 강조한다. 그 인물의 삶에 감동하고 존경하는데에 머무르면 역사는 과거의 이야기에 그치지만 역사 속 인물의 삶과 정신이 '내게 말하고 있는 것은 무엇일까?' 고민하고 생각해서 내 생각과 행동에 바뀌는 부분이 있다면 그것은 현실이 될 수 있다고…

임청각의 가장 높은 곳에 올라 멀리 낙동강이 흐르는 모습을 바라보았다. 언젠가 중앙선 철도가 사라지고 임청각은 복원될 것이다. 그러면 옛날 임청각의 규모는 회복할 수 있을 것이다. 그러나 석주와 가족들이 가졌던 고난의 시간과 희생의 삶, 그 정신을 이어가지 못한다면 임청각은 잘 복원된 전통 한옥 건물 이상의 의미를 갖진 못할 것이다. 임청각을 나와 철길 옆으로 우뚝 서 있는 법흥사지 7층 전탑을 바라보았다. 우리나라에서 가장 오래되고 큰 이 전탑은 통일신라 때 건립된 것으로 아마 임청각의 지난 역사를 다 지켜보았을지도 모르겠다. 많은 이들이 대한민국을 대표하는 노블레스 오블리주의 명문가 임청각을 찾아 우리에게 남겨진 시대의 과제를 발견하고 삶의 방향을 돌려보는 시간이 되었으면 좋겠다.

"민은 나라의 주인이다.
민이 강하면 나라가 강해지고 민이 약하면 나라가 약해진다.
민이 모이면 나라가 공고해지고 민이 흩어지면
나라가 공허해진다."

❶ 명가고택 _전통한옥문화체험 숙박시설
❷ 임청각 작은 전시관 _석주 이상룡 사진
❸ 임청각의 독립운동가들
❹ 임청각 사랑채 군자정
❺ 군자정 내에 걸린 독립운동 유공자 표창장
❻ 임청각 사당
❼ 서간도로 이주하는 석주의 가족 그림

함께 걷는 독립운동의 길

임청각   경상북도 독립운동기념관   내앞마을   이육사문학관
(의성김씨종택–김동삼 생가)

임청각

상해 임시정부 초대 국무령을 지낸 석주 이상룡 선생의 고택으로 많은 독립운동가를 배출한 집이다.
일제강점기 철도가 놓이며 건물이 훼손되었으나 최근 복원계획을 갖고 준비 중에 있다. 현재 명가체험
숙박시설을 운영중이며 군자정과 사당 등이 남아 있다.

경상북도 독립운동기념관

우리나라에서 가장 많은 독립운동가를 배출한 고장 안동에 독립운동가의 이야기와 정신을 체계적으로
정리하여 전시하고 있다. 직접 독립운동가가 되어 체험해보는 신흥무관학교라는 이름의 체험학습시설
도 마련되어 있다.

내앞마을

내앞마을은 의성 김씨들이 모여 사는 집성촌이다. 내앞마을 사람들은 의병활동과 독립운동에 앞장섰
는데 내앞 문중에서 36명의 독립유공자가 표창을 받았다고 한다. 일송 김동삼 선생의 생가터를 알리는
비석도 세워져 있다.

임청각의 꿈. 독립을 이루기 전에는 다시는 찾지 않겠다던
그의 집은 일제의 철로로 두 동강 났지만 우리 민족의 살 집
을 마련하러 떠난 길이었다. 어울리는 이미지를 고민하던
중 문득 애니매이션 'UP' 의 장면과 스토리가 오버랩 되며
오마주 했다. 풍선 대신 유학을 상징하는 학으로 그의 집을
띄웠다. Hexter

백설白雪이 잦아진 골에 구름이 머흐레라

반가운 매화梅花는 어느 곳에 피였는고

석양夕陽에 홀로 서 있어 갈 곳 몰라 하노라

　　　　　　－「백설이 잦아진 골에」, 목은 이색李穡

　고려 말 포은 정몽주, 야은 길재와 더불어 '삼은三隱'으로 불리는 충신 중 한 명인 목은 이색이 귀양 생활 중에 남긴 시조이다. 조선의 개국공신이 될 기회를 포기하고 고려의 신하로 남은 목은의 후손들은 비록 가난했으나 선비로서의 자부심을 바탕으로 학문에 힘쓰며 살아갔다. 목은의 후손인 한산이씨가 모여 살았던 충남 서천군 한산면을 찾았다. 모시로 유명한 고장 한산은 일제강점기 영원한 청년으로 불리는 월남月南 이상재 1850~1927 선생의 고향으로 복원한 생가와 기념관 등이 세워져 있다. 한산으로 향하는 서천오거리 원형교차로에서 먼저 선생을 만났다. 선생께

서는 원형교차로 한 가운데서 서천읍을 찾는 모든 사람들을 맞이하고 계셨다. 눈이 곧 쏟아질 듯한 흐린 날씨에도 차에서 내려 선생의 동상을 천천히 한 바퀴 돌아보는데 문득 뒤에서 바라본 선생의 모습이 마치 '어두운 세상 나와 함께 가보지 않겠냐'고 손을 내미는 모습처럼 느껴졌다.

월남을 만나러 서천군 한산면을 찾다

원형교차로를 지나 충절로를 따라가면 선생이 잠시 머물며 공부했던 봉서사鳳棲寺와 선생의 옛 묘 자리가 남아 있는 건지산, 그리고 선생의 어린 시절 이야기가 있는 한산면 행정복지센터한산관아 터에 이른다. 월남 이상재 선생은 1850년 10월 26일 충청남도 서천군 한산면 종지리에서 목은 이색의 16대손으로 태어났다. 선비의 집안이었으나 가정은 매우 가난했고 어머니가 직접 짠 모시를 장에 내다 팔아 겨우 생계를 유지할 정도였다. 그러나 아버지 이희택은 언제나 충신의 이야기, 옳은 것에 굽히지 않는 태도 등을 가르치며 어린 아들의 교육에 열의를 보였다. 이곳 한산면은 월남이 과거시험을 보기 위해 한양으로 떠났던 18세까지 머물던 곳으로 월남의 유년 시절 이야기가 남아있다.

하루는 조상의 묘 자리를 탐낸 한 부자가 관리를 매수해 조상 대대로 이어오던 월남 일가의 선산先山을 빼앗고 월남의 아버지를 관아에 고소해 옥에 갇히게 한 적이 있었다. 나이 어린 월남은 잡혀간 아버지를 만나러 아무 영문도 모른 채 관아를 찾아갔으나 입구에 들어갈 수조차 없었다. 그러자 그는 자식이 부모에게 효도하는 것이 마땅한데 아버지가 옥에 갇혀 계신 것은 불효라며 자신을 아버지 대신 가둬 달라고 요청한다. 부정한 관리라도 조금의 양심은 있었을까? 아이의 말에 감동한 관리는 어린 월남이 아버지를 만날 수 있게 해주었고, 아버지는 곧 감옥에서 풀려났다. 풀려난 후 사건의 이야기를 알게 된 월남은 다음 날 서천군 군수를 찾아갔고 억울한 이야기를 쏟아내었다. 군수는 관리를 매수한 부자에 대해 조사한 후 어린 월남의 말이 옳았음을 확인하고 부자를 벌하고 지방 관리들까지 처벌하여 선산을 돌려주었다. 이렇게 어릴 적부터 형성된 용기 있는 행동은 훗날 더 큰 일 앞에서도 당당함을 잃지 않게 하였다. 한산면 행정복지센터와 옛 묘소까지 돌아본 후 선생의 생가와 기념관을 찾았다.

박정양과의 만남, 빠름보다 바름을 준비하다

조선은 이미 오랜 세도정치로 인한 삼정의 문란과 매관매직이 성행하는 부패할 대로 부패한 사회였기에 전국 곳곳에서 민란이 일어나고 있었다. 철종 승하 후 조선은 흥선대원군이 집권하며 개혁을 시도했으나 한계가 있었다. 이런 시절에 월남은 18세 때 처음 한양에 올라가 과거를 치렀지만 이미 권력과 돈으로 연결된 과거시험에서 실력만으로 합격하기란 쉬운 일이 아니었다. 그러나 어두운 세상이라도 숨은 빛과 같은 사람은 있는 법! 월남은 한양에서 숙부 이장직의 소개로 승지였던 박정양을 만나게 된다.

박정양은 연암 박지원의 일가로 고종 3년인 1866년에 문과에 급제

한 관리였다. 박정양은 온건 개화사상을 가진 젊은 인재로 월남보다 9살 위였으나 월남의 사람됨을 첫눈에 알아보았다. 처음 만난 조정의 높은 관료 앞에서도 주눅 들지 않고 현직 관료를 향해 비판할 수 있는 목소리를 가진 월남의 태도는 박정양의 마음을 사로잡았다. 그렇게 월남을 눈여겨본 박정양은 자신의 집에 머무르도록 배려해주었다. 월남은 31살이 되는 13년 동안을 박정양의 집에서 비서처럼 머무르며 학문의 깊이와 세상에 대한 안목을 키워갔다. 박정양은 월남이 좀 더 넓은 세계와 식견을 갖는 데 큰 도움을 주었고 정치운동, 대중운동으로 나아가는 디딤돌이 되어주었다.

1881년 31세의 나이에 월남은 박정양과 함께 일본시찰단 일원이 되어 세상을 향한 본격적인 행보를 시작한다. 박정양의 배려로 시찰단 일원이 된 월남은 일본의 근대개혁과 빠른 산업화를 보며 놀라움을 금치 못했다. 그리고 그 놀라움의 크기만큼 위기의식도 느꼈다. 이듬해인 1882년 5월, 구식 군인들과 도시 하층민들이 일으킨 임오군란이 청군에 의해 진압되고 청의 간섭과 횡포는 날로 심해져 갔다. 1882년 5월, 조미수호조약이 체결되었다. 그리고 이듬해인 1883년, 민영익과 홍영식을 비롯한 보빙사 사절단은 미국을 시찰하는 길에 올라 서구의 앞선 문물을 익히고 돌아왔다. 그러나 여전히 개혁은 미미하고 청의 간섭이 더해가자 김옥균, 박영효, 홍영식, 서재필 등 젊은 급진 개화 세력들은 근대화와 자주독립을 위해 정변을 모의한다. 1884년 12월 우정총국郵政總局, 조선 후기 우편 업무를 맡아보는 관청 개국 축하연에서 수구 세력들을 제거하고 청군을 몰아내 자주적 개혁을 시도하려 한 것이다. 정변 후 곧장 왕의 거처를 옮기고 14개조

정강 개혁안을 발표하는 등 발 빠르게 움직였으나 왕실의 부정적 인식과 청나라 군대 1,500여 명에 의해 결국 3일 만에 정변은 실패로 끝났다. 홍영식은 청군과 싸우다 죽었고 김옥균, 박영효, 서재필 등은 몸을 피해 일본으로 떠났다.

월남은 갑신정변에 참여하지 않았으나 정변의 주도자 중 한 명이었던 홍영식의 주선으로 우정총국에 들어왔기에 자진해서 갑신정변 사건 조사를 맡은 한규설을 찾아 사의辭意를 표하고 낙향했다. 그 후 3년이 지난 1887년, 다시 박정양의 부름을 받은 월남은 주미공사로 떠나는 박정양의 비서 자격으로 함께 미국으로 떠난다. 미국에 도착한 월남은 그곳에서도 청의 간섭에 시달리게 된다. 청나라는 조선을 속국으로 여기며 사사건건 간섭하며 압력을 가해 박정양의 근심이 컸으나 월남이 직접 청나라 공사를 찾아 당당함을 잃지 않고 조선의 자존심을 지켜주었다. 월남은 나라를 되찾기 위해서라면 개화와 근대문물도 기꺼이 수용했지만, 자신은 조선의 전통 복장인 도포, 상투, 갓을 고수하며 우리 문화에 대한 긍지를 잃지 않았다. 이런 월남의 행보가 불편했던 청은 고종에게 압력을 넣었고, 그로 인해 박정양과 월남은 1년여의 짧은 주미공사의 시간을 마치고 돌아와야만 했다. 그러나 20여 년 가까이 쌓아 온 월남의 역량은 국내로 돌아와 유감없이 발휘된다.

요즘 교육계나 학부모들은 좋은 대학, 좋은 직장이라는 목표 아래 앞다투어 조기교육에 열의를 보인다. 그런 모습을 교육 현장에서 마주하고 있는 나는 속도보다 방향을 정하는 것이 더 중요하다고 생각해왔다. 특히 교육에 있어서는 무엇이 '좋은 것일까?'에 대한 방향 설정이 중요하기 때문이다. 빠름보다 바름을 고민하는 청소년, 청년들이 많아졌으면 좋겠다. 그리고 우리 어른들은 더불어 살아가는 윤리의식을 갖고 다음 세대들을 기다려주었으면 하는 바람이다. 당시 시대로 본다면 월남의 31세라는 나이는 결코 적은 나이가 아니었다. 그러나 박정양의 식객食客으로 머무는 13년의 시간과 갑신정변, 주미공사로 겪은 시간들은 훗날 월남 이상재라는 인물의 인격과 안목과 지도력으로 세상에 나오는 때에 더욱 빛을 발할 수 있었기 때문이다.

독립협회와 한성감옥, 새로운 만남과 길

독립협회, 대중운동을 시작하다

동학농민운동, 갑오개혁, 청일전쟁, 왕비시해 사건까지 휘몰아친 조선은 열강의 간섭에 더욱 힘겨운 시간을 보내고 있었다. 여러 사건을 거치며 조정의 충신들은 하나둘 사라져갔고 왕의 눈과 귀가 되어야 할 신하들은 간신들로만 남게 되었다. 이런 때에 갑신정변 당시 미국으로 떠났던 서재필과 청으로 떠났다가 미국 유학을 마친 윤치호가 돌아왔다. 이들은 선교사들과 외국 공사들이 모인 정동에서 모임을 갖곤 했는데 월남은 이곳을 찾아 서재필, 윤치호 등과 조선의 미래에 대해 논의한다. 그렇게 그들은 일부 관료나 지식인들만의 개혁운동이 아닌 대중과 여론을 기반으로 한 운동을 일으킬 것에 뜻을 모으고 1896년 7월 독립협회를 조직한다.

독립협회는 사대事大의 상징과 같았던 서대문 인근 영은문과 모화관을 없애고 독립문과 독립관을 세웠다. 독립협회가 발행한 『독립신문』

은 잘못된 정부 정책을 규탄하며 여론을 형성하는데 중요한 역할을 했다. 독립협회에 가입하는 숫자가 나날이 늘어 수천 명에 이르자 권세를 누리던 수구 세력들로부터 공격받기 시작했고 정부에서도 달갑지 않게 여기는 목소리가 나왔다. 당시만 해도 정부의 정책을 비판하거나 글을 적어 배포하는 행위는 반역으로 여겨질 수 있었기 때문이다. 그러나 독립협회는 군중집회인 만민공동회를 열어 주저 없이 열강의 침략을 비판하고 민중이 힘을 모아 맞설 것을 역설하였다. 안창호와 이승만도 독립협회를 통해 얼굴을 알렸고 백정 출신 박성춘도 강연자로 나설 만큼 신분을 뛰어넘는 대중 집회의 분위기는 날이 갈수록 뜨거웠다.

영향력을 더해가는 독립협회에 우려를 느낀 수구 세력은 독립협회를 무너뜨리는 계획을 모의한다. 고종에게 황제를 몰아내고 공화정을 만들어 대통령에 박정양, 부통령에 윤치호를 세우려 한다는 거짓 이야기를 퍼뜨린 것이다. 그리고 외부에서는 수천명의 보부상들이 회원이었던 황국협회를 동원하여 독립협회와 충돌을 일으키게 했다. 이런 때에 고종황제가 잘 분별하고 민중들의 의견을 반영했다면 우리 역사는 조금은 다르게 전개되지 않았을까? 그러나 고종황제 주변에 충신이 없는 것이 대한제국의 슬픔이었다. 고종은 아첨과 자리만을 지키는 수구 세력의 이야기를 그대로 믿었고 자신의 자리까지 노린다는 말에 분노하며 결국 독립협회 간부 10여 명을 체포해 한성 감옥에 가두었다. 이승만은 이때 외부에서 황국협회의 공격으로부터 독립협회를 지키고 옥에 갇힌 이들이 석방되도록 앞장서 노력했으나 고종은 결국 1898년 12월 독립협회를 해산시켰다.

한성감옥, 기독교를 받아들이다

조선은 개항한 이후 일본, 청나라, 미국, 러시아까지 계속된 외세의 주도권 다툼 속에 친청親淸, 친미親美, 친일親日, 친러親露 등 다양한 시류에 편승한 이들이 생겨났다. 이완용도 명문가 출신으로 육영공원에 입학해 친미적인 성향을 가졌으나 아관파천 당시 친러파로 러일전쟁을 겪었고, 이후 친일파로 얼굴을 바꾼 기회주의적인 인물이었다. 학부대신學部大臣이던 그는 초기 독립협회에도 참여하며 주도적인 모습을 보이기도 했다. 하지만 개혁 세력에 위기감을 느끼자 황제를 폐하려 한다는 누명을 씌워 월남을 비롯한 개혁 세력을 잡아들이게 하는데 이것이 1902년 일어난 개혁당 사건이다. 이 사건으로 서재필은 다시 미국으로 떠났고 월남과 아들 이승인 등이 함께 누명을 쓰고 체포되었다. 아버지 앞에서 자식을 고문하며 거짓 자백을 받아내려 했으나 월남은 흔들리지 않았다. 순순히 거짓 자백을 하지 않자 이완용과 더불어 '을사오적' 중 하나인 이근택은 갖은 죄목을 붙여 월남 부자를 한성감옥으로 보냈다. 한성감옥에는 이미 많은 애국청년들이 잡혀 들어와 있었다. 1899년 '박영효 쿠데타 사건고종폐위 음모사건'에 연루되어 수감된 이승만을 비롯해 박용만, 신흥우, 양기탁 등 젊은 인재들이 많이 있었다. 이승만은 배재학당을 나와 독립협회에서 이상재와 함께 활동했기에 월남을 스승처럼 여기며 존경했다.

한 가지 주목할 점은 한성감옥에 있는 청년들에게 선교사들이 찾아와 성경을 나눠주고 기독교를 전파했다는 것이다. 청년들과 선교사들은 학생과 교사의 관계에 있었기 때문이다. 이승만도 감옥에서 성경을 읽으며 깊은 신앙의 체험을 한 후 선교사들이 넣어준 책을 모아 감옥 안에 문고를 만들어 수감자들을 가르치기 시작했다. 그리고 평소 존경하던 월남에게 성경을 건네며 기독교 신앙을 권하게 된다. 월남은 유학자였기에 기독교의 교리를 받아들이기 쉽지 않았으나 주변에 신앙으로 삶이 바뀐 사람을 직접 목격하였고 새로운 방법의 독립운동에 대한 이야기를 들으며 성경을 자세히 읽어보기로 한다. 그리고 50이 넘은 나이에 기독교 신앙을 받아들인다. 이때 월남이 읽은 성경은 출옥 후 황성기독청년회로 불린 YMCA 운동에 참여하는데 결정적인 영향을 주었다. 뿐만 아니라 월남이 적극적으로 참여한 YMCA는 이후 국내 독립운동의 중요한 조직으로 성장했으며 1919년 3·1운동 이후 각종 사회활동을 이끄는 구심점의 역할을 한다.

또 눈은 눈으로, 이는 이로 갚으라 하였다는 것을 너희가 들었으나 나는 너희에게 이르노니 악한 자를 대적하지 말라 누구든지 네 오른편 뺨을 치거든 왼편도 돌려대며 또 너를 고발하여 속옷을 가지고자 하는 자에게 겉옷까지도 가지게 하며 또 누구든지 너로 억지로 오 리를 가게 하거든 그 사람과 십 리를 동행하고 네게 구하는 자에게 주며 네게 꾸고자 하는 자에게 거절하지 말라 또 네 이웃을 사랑하고 네 원수를 미워하라 하였다는 것을 너희가 들었으나 나는 너희에게 이르노니 너희 원수를 사랑하며 너희를 박해하는 자를 위하여 기도하라 (마태복음 5:38~44)

평생 유학 공부만을 해 온 월남이 기독교사상을 받아들인 것은 그의 그릇을 넓히고 더 큰 사회활동을 하는데 중요한 계기가 되었다. 우리 민족만이 아닌 세계 모든 민족이 평화롭게 살아가는 세상을 꿈꾸게 되었고 청년들도 그런 넓은 사랑의 그릇을 키우도록 함께하고 가르쳤다. 그런 선생의 모습에 한국 사람뿐 아니라 일본인조차도 존경하는 이들이 생겨났다.

우울한 시대, 해학과 풍자로 대응하다

을사늑약 체결 후 월남은 조선미술협회 창립식에 초청받아 참석했다. 당시 통감이었던 이토를 비롯해 친일파로 불리는 인물들이 상당수 참여한 자리였다. 월남은 이완용과 송병준처럼 서로 친일을 더 하려고 다투는 자들이 꼴사납고 보기 싫었다. 그러나 그들에게 달려들어 싸운다고 바뀔 세상이 아니었기에 그들에게 이렇게 말을 건넸다. "대감들은 동경으로 이사를 가시지요." 그러자 그들은 "그게 무슨 말씀이오?"라고 물었다. 월남은 "대감들은 나라 망하게 하는데 선수가 아닙니까? 동경으로 이사를 가면 일본도 망할 것 아니오"라고 했고, 그 둘은 물론 그 자리에 있던 누구도 더는 입을 떼지 못했다고 한다.

일제강점기가 본격적으로 시작된 시기 월남의 강연에는 청년들 못지않게 일본 형사들도 많이 배치되어 있었다. 사복을 입고 신분을 숨긴 채 몰래 앉아 있었으나 강연장 단상에 오른 월남은 이미 눈치를 채고 이렇게 말했다.

"지금은 봄철이 아닌데도 여기는 이처럼 개나리꽃이 많이 피었습니까?"

청중들은 처음엔 어리둥절했으나 나중에는 다들 크게 웃으며 주변을 둘러보았다. 당시 사람들은 형사는 '개'로 경찰은 '나리'라고 불렀는데 월남은 곳곳에 앉아 감시하는 그들을 향해 재치 있게 개나리꽃으로 비유하며 한바탕 웃음을 자아낸 것이다. 청중에게는 웃음으로 경찰에게는 부끄러움을 준 해학적 표현을 한 것이었다.

황성기독교청년회YMCA, 청년운동에 뛰어들다

월남의 50대는 대한제국이 무너지는 마지막 10년의 시간이었다. 러일전쟁에서 승리한 일본의 침탈은 더욱 가속화되었고 조정은 친일파들로 가득했다. 독립협회도 해산당하고 대중운동이 어려워진 때에 그가 새롭게 시작한 활동이 YMCA 운동이었다. 황성기독교청년회를 소개한 이는 출옥 후 월남이 찾아간 연동교회 담임목사 제임스 게일James S. Gale선교사였다. 황성기독교청년회는 1903년 질레트Phillip L. Gillette에 의해 기독학교 학생들을 중심으로 창설되었는데 '청년'에게 집중하는 단체였다. 당시 우리나라에는 '청년'이라는 개념이 없었다. 소년이 혼례를 치르면 성년이 되는 시대였기에 모두에게 낯선 개념이었다. 월남은 50이 훌쩍 넘은 나이였기에 당시 할아버지라 불릴 만하였으나 그는 YMCA에서 젊은이들을 만나고 그들에게 용기와 의지를 심어주는 멘토의 역할을 했다. 청년이 바로 서야 나라가 바로 서고 청년이 꿈을 갖고 인물이 되어갈 때 나라도 독립과 발전을 이룰 수 있다고 믿었기 때문이다. 월남은 환갑을 넘어서도 마음과 생각은 청년의 마음으로 살았다.

1910년 월남의 나이 60이 되던 해 우리나라는 결국 국권을 상실했다. 그때 비밀단체로 활동하던 신민회, 그리고 공개단체로 활동하던 YMCA 등은 일제의 눈에 가시 같은 존재였다. 이들을 한 번에 잡아들여 독립운동의 기세를 꺾으려 한 사건이 '105인 사건'으로 불리는 이른바 '데라우치 총독 암살 미수사건'이었다. 그리고 YMCA 내부에는 첩자를 들여보내 '유신회사건'을 일으켜 많은 독립운동가를 잡아들였다. 혹독한 고문과 거짓 자백을 통해 신민회는 큰 타격을 받았고 한국 YMCA도 해체될 위기를 맞았다. 청년들의 기둥과 같은 월남의 활동을 꺾으려 총독부에서는 큰돈을 제안하며 낙향을 권유하고 관직을 권하기도 했으나 월남은 흔들리지 않고 청년운동을 이어간다. 글공부나 유학 등을 통해 출세를 꿈꾸는 청년들에게 YMCA를 통하여 기술교육과 직업교육의 중요성, 각종 실생활에 필요한 교육에도 힘을 쏟을 것을 강조하였다.

믿음을 지킨 영원한 청년

이완용처럼 시류에 편승해 자신만을 위해 살아간 이도 있었으나 독립을 위해 함께 노력하다 안타깝게 타협하거나 변절한 이들도 있었다. 3·1만세 운동이 실패로 끝나자 많은 지식인들은 좌절한다. 일본은 '문화통치'라는 기만적 통치로 조선의 지도자들과 지식인들을 회유하기 위해 갖은 방법을 동원한다. 그 결과 상당수의 민족주의 지식인들은 일본의 경제적 번영과 압도적인 군사력을 보며 일본의 통치를 '인정'하고 '타협'하는 자치론의 분위기가 점차 커져갔다.

일본은 자신들에게 우호적인 마음을 심기 위해 우리나라의 지도자들을 대거 일본으로 초청한다. 1차 세계대전 후 더욱 강성해진 일본을 자랑하며 독립에 대한 생각을 포기하고 자신들의 통치를 받아들일 것을 기대하며 꾸며낸 계략이었다. 월남도 일본행에 초대받았는데 거절하지 않고 일본 방문길에 올랐다. 일본의 초청에 건너간 이들은 방문하는 곳곳마다 도시의 발전된 모습을 보며 환호와 탄성이 이어졌고 이 모습을 지켜보던 일본 관리들은 미소를 지었다. 자신들의 의도대로 흘러가고 있는 듯 보였기 때문이다. 그리고 일본은 엄청난 군수공장에서 생산된 무기들을 보여주며 자국의 군사력을 자랑했다. 그러한 일정 속에 일본의 관리들은 무엇보다 월남의 생각이 궁금해 시찰 소감을 물었다.

"정말 모든 것이 새롭습니다. 마치 새어머니를 만나는 기분입니다. 그러나 나는 기뻐할 수가 없습니다. 왜냐면 아무리 새어머니가 좋다 한들 친어머니만 하겠습니까?"

"나는 오늘 대포와 총들이 산더미처럼 쌓여있는 것을 보면서 일본의 힘이 얼마나 막강한지 알게 되었습니다. 그런데 내가 놀란 것은 다른 데 있습니다. 성경을 보면 칼을 든 자는 칼로 망한다는 말씀이 기록되어 있습니다. 이 말씀을 생각할 때 일본의 수명은 그리 길 것 같지 않소이다."

월남은 좋은 소리를 듣기 원했던 관리들에게 성경의 이야기를 예로 들어 일갈一喝했다. 마틴 루터킹Martin Luther King Jr 목사는 "사회적 전환기에 최대 비극은 악한 사람들의 거친 아우성이 아니라, 선한 사람들의 소름 끼치는 침묵"이라며 안타까워했다. 누구나 평소에 좋은 말을 하거나 뛰어난 글은 쓸 수 있다. 그러나 배가 가라앉는 절박한 상황에서 사람들이 보이는 그 모습이 진짜 그 사람의 인격이고 실재인 것이다. 월남은 침묵하는 민중과 살아남기 위해 타협하는 지식인들 앞에서 당당하게 목소리를 내는 모습을 보여준 것이다.

다음세대 vs 다른세대

1920년대는 월남이 마지막 70대를 살아간 시대였다. 월남은 조선기독교청년연합회 회장과 조선교육협회를 창립하여 회장직을 맡아 교육을 통한 인재를 양성하는 일에 마지막 힘을 쏟는다. 민립대학설립운동을 일으키기도 했으나 일본의 방해와 불허로 실패하고 대신 일본은 경성제국대학서울대학교을 설립하였다. 70세가 넘은 나이였으나 그가 머무는 종로구 재동의 집은 청년들의 발걸음이 끊이지 않았다. 하루는 한 청년이 그의 집을 찾아 냉방에서 고생하시는데 땔감과 양식을 좀 마련하라며 돈 봉투를 주고 떠났다. 월남은 그 돈을 고맙게 받았으나 이내 찾은 한 청년이 유학을 떠나고자 하는데 학비가 모자란다는 이야기에 받은 돈 봉투를 바로 내어주었다.

"돈은 먼저 필요한 사람에게 전해져 사용되어야 한다."

조선총독부에서 내민 엄청난 돈도 거부한 월남이 돈에 연연할 리 없었다. 그는 고향 한산에 남은 생가 외에 자신의 이름으로 된 집 한 채 없었다. 종로 집도 본인 소유가 아니었고 재산 하나 없었으나 구차하게 살거나 유혹에 흔들리지 않았다. 어린 시절부터 가정 형편보다 학문과 배움에 앞섰던 아버지에게 받은 영향이 월남의 평생에 있어 자족할 줄 아는 자세를 갖게 했을 것이다.

월남은 세상을 떠날 때까지 국내에서 활발하게 민족운동을 계속하였다. 1920년 창립한 조선체육회는 배재고보 운동장에서 제1회 전조선 야구대회를 열었다. 전국체육대회로 발전하는 야구대회에서 월남은 첫 시구를 맡아 공을 던지기도 했다. 1923년 소년연합척후대보이스카우트 초대 총재로 활동하고 잠시 『조선일보』의 사장을 맡기도 했다. 1927년 자치론과 기회주의를 배격한 민족주의자와 사회주의자들의 연합 단체인 신간회가 조직되는데 월남을 초대 회장으로 추대한다. 그는 노환에 몸을 제대로 가눌 수 없어 사양했으나 사람들의 간곡한 부탁에 신간회 초대 회장에 이름을 올렸다. 그렇게 생을 마감하는 순간까지 자신이 할 수 있는 모든 것을 다하고 그해 3월 29일 78세의 일기로 영원한 안식의 나라로 떠났다. 그의 장례는 조선인은 물론 친일 인사들과 일본인조차도 슬퍼할 정도로 애도의 글과 추모가 이어졌다. 일제강점기였으나 사회장으로 치러진 장례 행렬에는 십만 명이 넘는 군중이 함께 하였고 그의 유해가 한산으로 옮겨지는 과정에서 정차하는 기차역마다 추모객들이 몰려 발 디딜 틈이 없을 정도였다. 한 사람의 죽음을 넘어 민족의 큰 지도자를 잃은 슬픔을 온 나라가 함께 애도 했다. 그렇게 18세의 나이에 과거시험을 보러 떠났던 청년 이상재는 '영원한 청년'이란 수식어와 함께 고향에 돌아왔다.

기념관과 생가를 둘러보고 나오며 생각했다. 월남의 삶은 빠르지 않았으나 바름을 추구했고 신앙을 더하며 사랑의 크기를 넓혔다. 우리는 인생에서 누구를 만나고 무엇을 배우며 자라고 있을까? 똑똑한 교사는 많고 뛰어난 학생도 많지만 본이 되는 스승은 적고 인격을 배워가는 제자도 드물다. 결국 부모와 교사를 비롯한 기성세대가 어떤 가치를 가르치고 어떤 본을 보이느냐에 따라 '다음 세대'로서 좋은 정신이 이어질 수도 있고 전혀 '다른 세대'가 나올 수도 있을 것이다. 역사에 이름 한 점 남기지 못하였으나 조국의 독립과 미래를 위해 자신을 드린 수많은 이들의 수고와 헌신이 있었기에 오늘 우리가 있음을 기억하고 그 삶을 잇는 다음 세대가 우리였으면 좋겠다.

"나는 오늘 대포와 총들이 산더미처럼 쌓여있는 것을 보면서
일본의 힘이 얼마나 막강한지 알게 되었습니다.
그런데 내가 놀란 것은 다른 데 있습니다.
성경을 보면 칼을 든 자는 칼로 망한다는 말씀이
기록되어 있습니다.이 말씀을 생각할 때 일본의 수명은
그리 길 것 같지 않소이다."

❶ 서천군 이상재 선생 동상
❷ 서천군 한산면 이상재 선생 생가
❸ 서천군 한산면 이상재 선생 기념관
❹ 주미공사로 떠나는 박정양 일행
❺ 서대문 독립공원 내 독립문과 영은문 주초
❻ 한성 감옥(앞줄 맨 왼쪽 이승만, 오른쪽 두 번째 이상재)
❼ 월남 이상재 선생 야구 시구 장면

함께 걷는 독립운동의 길

```
                      한산면사무소
                      (한산 관아 터)              서울 YMCA 회관                        연동교회 역사관
    ──●──────────────●─────────────────●──────────────────────────●──
   이상재 선생              이상재 선생                        종묘광장공원
   생가지 · 기념관           옛 묘소(건지산)                    이상재 선생 동상
```

이상재선생 생가기념관

월남 이상재선생의 복원된 생가 옆으로 기념관이 자리한다. 월남의 삶과 정신을 새겨볼 수 있는 장소
로 인근에 옛 묘소가 있었던 건지산과 선생이 잠시 머물렀던 봉서사, 옛 한산관아 터 등이 자리한다.

종묘광장공원

대한제국의 외교관이자 온건 개화의 입장에서 조국 독립과 다음 세대를 살리기 위한 청년운동에 일생
을 바친 월남 이상재 선생을 기념하기 위한 동상이 세워져 있다.

서울YMCA회관

기독교 선교사들에 의해 청년 교육운동이 일어나기 시작해 황성기독교청년회(1903)가 조직되었다. 현
재 YMCA회관으로 불리는 황성기독교청년회관은 1908년 완공되었으나 한국전쟁으로 소실된 후 현재
건물로 재건되었다.

이상재의 기록 사진 중 유독 눈에 띄는 것은 역시 흰 두루
마기 자락에 야구 모자를 쓴 채로 시구 하는 장면일 것이다.
신구의 문명이 섞여 지금 이 시대에 봐도 힙한 장면. 시구
전 투구폼에서 던져지는 장면으로 전환시켜 우리 청년들에
게 메시지를 전하려는 모습으로 상상해보았다. Hexter

삶으로 행한 독립의 길

삶을 다하는 순간까지 주어진 사명을
한결같이 살아낸 독립운동가

총칼과 폭탄을 들고 싸우는 독립운동만 존재한 것은 아니었다. 삶의 작은 자리, 작은 역할부터 먼저 솔선하여 자신의 편안한 삶을 내려놓은 이들도 있었다. 그들은 총칼과 고문의 위험에도 뜻을 굽히지 않고 저항하는 길을 택했다. 삶을 다하는 순간까지 흐트러짐 없는 자세로 자신의 길을 걷고 또 걸었다. 조선의 국권 회복을 위해 애쓰다 추방당한 뒤 너무나 사랑했던 이 땅을 다시 찾아와 잠들게 된 외국인 선교사, 변화는 나로부터 시작된다는 작은 믿음과 행동이 미주 한인사회를 깨우며 스스로 인물이 되고자 힘쓴 민족의 스승, 모진 고문과 끝없는 회유에도 나는 '대한의 독립과 결혼했다.' 말하며 평생 불꽃같은 삶을 살다간 여성 지도자, '행동의 연속만이 있을 뿐이다.' 외치며 고된 현실 속에서도 희망 가득한 미래를 노래한 시인까지, 그들이 이루고자 했던 희망의 이야기는 장소 하나, 사건 하나로 모두 담아낼 수 없다. 그들의 행적이 남아 있는 현장과 길을 걸으며 나의 삶의 자리와 내가 걷고 있는 길을 돌아보면 어떨까?

Homer Hulbert

Man of Vision and Friend of Korea

서울 정동을 찾으면 마치 100년 전 근대의 어느 시점으로 시간여행을 떠나는 느낌을 받는다. 미국, 영국, 러시아 양식의 건물이 우리 전통 궁궐과 어우러져 전통과 근대가 섞인 다양한 풍경을 만날 수 있기 때문이다. 지금의 덕수궁과 돌담길은 산책로로서 시민들에게 더없이 좋은 휴식의 공간이지만 100여 년 전 이곳은 열강의 치열한 외교 현장이자 대한제국의 중요한 사건들이 일어난 공간이었다.

시간이 느리게 가는 곳, 정동을 찾다

나는 정동을 찾으면 서울시청 서소문 별관에 자리한 카페 '다락'을 자주 찾는다. 카페 '다락'은 서울시청 직원은 물론 시민들에게도 개방되어 정동을 조망하기에 안성맞춤인 곳이다. 그래서 소모임 정도의 지인들과 정동에 들르게 되면 이곳 '다락'에서 정동의 이야기를 시작한다. 태조 이성계의 부인 강씨의 능인 정릉이 있었던 곳, 임진왜란 후 월산대군의 집을 궁궐로 사용한 경운궁이 고종 대에 이르러 덕수궁이라 불렸던 곳, 이 일대에는 지금도 대사관들이 여럿 자리하고 있다. 영국 대사관과 자리를 옮긴 러시아 대사관 그리고 미국 공사관이 있던 곳은 현재 미 대사관저로 사용되고 있다.

이렇듯 근대에서 오늘에 이르기까지 다양한 외교의 각축장이 된 정동은 그만큼 많은 사건과 이야기를 간직하고 있다. 한국 근대사의 중심에 있었던 정동 길에는 건물 하나 평범한 것이 없다. 이색적인 공간과 역사의 이야기를 동시에 간직하고 있어 우리나라 근대 답사 1번지로 부르기에 손색이 없는 곳이다. 다양한 역사를 담고 있는 정동, 이번에는 우리나라의 독립을 평생 소원하던 한 이방인 독립운동가, 호머 헐버트Homer B. Hulbert, 1863~1949의 흔적을 찾아보려고 한다.

헐버트와 한국의 첫 만남, 육영공원

카페 다락에서 봄날의 푸름이 있는 정동을 내려다보며 헐버트 박사를 생각해보았다. 정동 어디에도 헐버트 박사를 추모하는 기념관이나 시설은 없다. 그러나 그는 이곳을 무대로 학생들을 가르쳤고 고종을 만났으며 대한제국의 외교에도 힘을 보탰다. 그렇다면 그가 한국에 발을 딛게 된 계기는 무엇이었을까? 그 첫 만남의 장소를 찾아 서울시립미술관으로 향했다. 현재 서울시립미술관 건물은 일제강점기 대법원 건물로 사용되었던 것을 법원이 서초동으로 옮겨간 후 리모델링하여 미술관으로 사용하고 있다. 이곳이 헐버트 박사와 한국의 첫 만남이 시작된 공간이다. 덕수궁 돌담길을 따라 걷다보면 100년을 훌쩍 넘긴 정동교회 벧엘 예배당이 보이고 왼쪽에 자리한 미술관 입구에 '육영공원 터, 독일영사관 터, 독립신문사 터'라고 적힌 안내판이 보인다. 격동의 시기를 거친 곳이라 그런지 여러 기관들이 이 자리를 거쳐 간 모양이다. 그중에 '육영공원1886'이란 이름은 조금은 낯설게 다가올지도 모르겠다. 무슨 공원이 이곳에 있었나 생각할 수도 있지만 육영공원은 '젊은 영재를 기르는 공립학교'라는 뜻을 가진 근대 공립 교육기관이었다. 개항 이후 미국과 조약을 맺고 보빙사報聘使 외국 사신의 방문에 대한 답방의 의미로 파견한 사절단, 1883로 불리는 사절단이 미국을 방문하는 등 서양의 문물이 유입되는 상황에서 언어를 비롯한 서구문물을 익히고 교육해야 할 필요성이 커졌기 때문이다.

고종은 갑신정변으로 어수선한 시기를 지난 후 육영공원을 세우는데 그때 초빙해 온 외국인 영어 교사가 헐버트, 벙커Dalziel A. Bunker, 길모어George W. Guilmore 등이었다. 공식적으로 육영공원 영어교사였던 그들은 기독교 선교사이거나 목사이기도 했다. 1886년 7월 4일은 23세의 청년 헐버트가 제물포에 들어와 60년 넘게 이어지는 한국과의 인연이 시작된 날이다. 1907년 일본에 의해 추방당한 뒤 해방 후 다시 한국을 찾아 1949년 이 땅에서 생을 마감하기까지 교육자이자 한글학자로 역사학자이자 저술가로 이방인이지만 항일 독립운동가로 앞장섰던 인물이었다. 육영공원은 주로 높은 신분의 양반 자제들이나 특정한 신분 계층만 입학할 수 있었는데 정부의 생각과는 달리 출세를 위해 찾은 이들이 많아 실제로 서양 학문과 언어에 큰 관심을 보인 이들은 그리 많지 않았다. 그럼에도 헐버트 박사는 그 안에서 5년여 동안 교사로 근무하며 한글을 스스로 터득했고 한국의 역사와 전통 공부도 게을리 하지 않았다. 그 결과 한글로 된 교재를 직접 편찬할 정도로 한국학에 대한 이해가 깊어졌는데, 육영공원에서 신교육을 위한 세계지리 교과서로『사민필지』를 출간하기도 했다. 이 책은 순 한글 교과서로 세계지리는 물론 여러 나라와 지역의 다양한 제도와 정보들을 기록한 근대지리서였다. 이 책에서 눈여겨보아야 할 대목은 '사민필지士民必知'라는 제목의 뜻이다. '선비와 백성 모두가 반드시 알아야 하는 지식'이라는 뜻을 담고 있는 책으로 신분과 남녀에 구분 없이 모두가 배움의 기회를 가질 것을 강조하고 있는 제목이다. 그는 훗날 육영공원에서 만난 제자 이완용을 떠올리며 '장래가 촉망되는 학생이었으나 친일의 길로 가게 된 것을 안타깝게 생각한다'는 마음을 남기기도 했다.

배재학당, 삼문출판사와 헐버트의 활동

아펜젤러Henry G. Appenzeller 선교사에 의해 설립된 근대교육기관 배재학당은 고종이 '인재를 배양한다'는 뜻으로 배재학당培材學堂이란 이름을 하사한 후 현재까지 전통을 이어오고 있다. 옛 배재학당 자리에 가면 많은 건물과 공간들이 사라졌지만 1916년에 세워진 배재학당 동관 건물이 '배재학당역사박물관'으로 꾸며져 있다. 헐버트 박사는 1891년 육영공원에서의 계약을 마치고 잠시 조선을 떠나 미국에서 활동했으나 조선에 대한 마음을 품고 2년 뒤 감리교 선교사로 다시 한국을 찾는다. 정부는 그에게 다시 교육활동을 요청해 1897년부터 한성사범학교에서 1900년부터는 한성중학교에서 신학문을 가르치며 한글로 된 교과서 편찬에도 힘썼다. 교육은 학생을 직접 가르치는 일도 중요하지만 좋은 교사들을 양성하는 일도 중요하다는 것을 알고 있었기 때문이다. 헐버트 박사는 정부에서 세운 한성사범학교와 한성중학교 외에 배재학당에서 학생들을 가르치기도 했는데 그가 쓴 『사민필지』가 박물관에 전시되어 있다. 그는 한글을 연구하며 한글로 된 서적을 출판하는 일에도 관심을 보였다. 삼문출판사는 아펜젤러가 설립한 기독교 출판사였으나 신문과 잡지, 일반 서적도 출간하였고 올링거Franklin Ohlinger목사가 맡아 운영하던 중 한국을 떠나자 헐버트 박사가 삼문출판사 책임을 맡게 된다. '삼문'이라는 이름은 국문, 영문, 한문 3가지 문자로 발행한다는 뜻으로 붙여진 이름이었다. 그는 출판 활동을 하며 한국의 사정을 외국에 알리기 위해 영문 월간지 『The Korean Repository』를 간행하고 서재필을 만나면서 영문판 『독립신문』 간행에도 큰 역할을 했다. 주목할 점은 1896년 『독립신문』 한글판 발행 시에 띄어쓰기를 처음 사용했다는 점이다. 그는 "문자사에서 한글보다 더 간단하게 더 과학적으로 발명된 문자는 없다."라는 말을 남길 정도로 한글의 우수성을 높이 평가했고 띄어쓰기와 함께 마침표 등을 사용했다. 『The Korean Repository』가 폐간된 후에는 1901년 『The Korea Review』를 창간해 계속 한국의 사정과 이슈들을 세계에 알리고자 노력했다.

　헐버트 박사가 한국에 머무는 동안 신문에 쓴 기사들은 점차 주제가 바뀌어 갔다. 처음에는 한국의 전통 문화를 알리는 글이 주류였으나 1904년 러일전쟁이 일어나고 일본의 침탈이 심해지자 일본의 조선 침탈 야욕을 비판하는 글을 많이 다뤘다. 정치뿐만 아니라 일본인들이 한국에 들어와 행하는 좋지 못한 사업아편, 놀음, 유곽, 부도덕 등을 신랄하게 비판하기도 했다.

그는 한국의 신화와 고대사 등 한국 전통과 역사를 공부해 800페이지에 이르는 『한국사History of Korea』를 편찬하였다. 일부 사실의 오류는 있으나 서양인이 그 시기에 한국사를 정리하여 책으로 출간했다는 사실만으로도 대단한 일이라 할 수 있을 것이다. 또 하나 중요한 작업은 그동안 많은 사람의 입으로만 구전되어 오던 〈아리랑〉을 처음 악보로 구성해 『The Korean Repository』에 실었다는 점이다.

아리랑은 한국인에게 주식인 쌀과 같은 존재
한국인은 즉흥곡의 명수

헐버트 박사는 위에 언급된 표현을 써 가며 경기민요 〈군밤타령〉에도 음계를 붙였다. 경북 문경새재 길에는 2013년 아리랑비가 세워졌는데 헐버트 박사의 얼굴과 함께 그가 처음 채록한 〈아리랑〉 영문판이 새겨져 있다. 이같이 우리나라의 전통과 한글에 대한 그의 사랑은 배재학당 학생이었던 주시경으로 이어진다. 박물관 내부에는 배재학당 출신 인물들이 사진과 함께 전시되어 있고 두 인물의 흉상이 세워져 있는데 한 분은 배재학당 출신 이승만 대통령이고 한 분은 한글학자 주시경 선생이다. 그중

주시경은 배재학당 학생으로 공부하며 시간을 내어 삼문출판사에서 일하
며 학비를 벌었다. 주시경과 삼문출판사의 인연은 훗날 그가 한글학자로
성장하는 좋은 디딤돌이 되었다. 배재학당역사박물관 맞은편에는 신교육
의 발상지, 독립신문사 터 등을 알리는 표지석들이 곳곳에 세워져 있다.
주변에 고층 건물들이 많이 들어서 옛 배재학당의 모습을 상상하기는 쉽
지 않지만 박물관 입구에 제1회 전조선 야구대회가 배재학당 운동장에서
열렸음을 알리는 표지판이 세워져 그 시절 배재의 이야기에 하나를 더하
게 되었다.

덕수궁 중명전, 대한제국 마지막 이야기를 담다

배재학당역사박물관을 나와 정동극장 길로 내려오면 좁은 골목길
안쪽에 덕수궁 중명전이 자리한다. 중명전은 궁궐의 부속 건물로 고종이
머물기도 한 장소인데 지금은 왜 이렇게 덕수궁 바깥에 떨어져 있을까?
그 이유는 일본이 대한제국 황실을 격하시킬 목적으로 덕수궁을 가로질
러 길을 내면서 궁궐이 두 동강 나버렸기 때문이다. 떨어져 나간 궁궐의
일부는 미국 공사관으로 사용되었고 현재 미국 대사관저로 사용되고 있
다. 그 외 대부분의 전각과 건물은 일본에 의해 사라지고 일본식 건물이
들어서거나 서양식 건물이 세워졌다. 중명전 건물도 여러 번 주인이 바뀌
며 개인 소유로 넘어갔다가 국가에서 사들여 2010년 복원을 마치고 전시
관으로 개관했다. 중명전 내부에 들어가면 고종과 대한제국의 마지막 이
야기들이 기록되어 있는데 그중 한 부분에 헐버트 박사와 헤이그 특사의

이야기가 기록되어 있다.

대한제국 외교관, 독립운동가 헐버트

러일전쟁이 일본의 승리로 끝나고 일본이 한반도의 지배권을 높여 갈 무렵 미국 정부는 일본과의 관계를 고려해 선교사들에게 한국 정치에 관여하지 말 것을 강하게 권고했다. 실제로 다수의 선교사들은 한국 정치 문제에 개입하지 않았고 심지어 일본의 한국 지배를 인정하는 선교사들도 많았다. 그러나 헐버트 박사는 한국인을 위해 찾아온 선교사가 한국인이 처한 현실을 외면할 수는 없다고 판단했다. 그는 다른 선교사들에게도 자신의 생각을 나누며 한국의 국권을 지키는 일에 본격적으로 나선다. 1895년 11월 왕비가 시해당한 후 불안해하던 고종이 경복궁에서 빠져나오려 한 '춘생문사건'이 일어났다. 이 사건은 비록 실패했으나 고종은 더욱 선교사들을 신뢰하며 곁에 두었고 자신을 호위하게 했다.

헐버트 박사의 의지와 일본에 대한 저항심을 높이 본 고종은 을사늑약 체결의 부당함을 알리려 미국 루즈벨트Franklin Roosevelt 대통령에게 친서를 전달하려고 했다. 조미수호조약의 거중조정居中調整, 국제적 분쟁 발생시 제3자의 권고로 평화적으로 해결하는 것 조항을 들어 도와달라는 생각에서였다. 그러나 미국과 루즈벨트의 생각은 달랐다. 루즈벨트는 한국보다는 일본을 선택했고 이미 일본과 비밀리에 가쓰라-태프트 밀약The Katsura-Taft Agreement,1905을 체결한 상태였기에 조선의 부탁을 들어줄 리 없었다. 당연히 헐버트 박사는 루즈벨트 대통령을 만나지 못하고 돌아와야 했다. 그는 신문과 언론을 통해 자신의 고국인 미국을 비난하며 국제 사회에 일본의 만행을 계속 폭로했다. 하지만 일본에 외교권을 빼앗긴 상황에서는 고종의 호소도 국제 사회에 별다른 영향을 줄 수 없었다. 이런 시국에 을사늑약 후 초대 통감으로 부임한 이토 히로부미에게 저항한 가장 큰 단체가 상동 청년회였다. 상동 청년회는 상동교회를 중심으로 모인 청년 단체였는데 전덕기 목사를 중심으로 모인 인물이 이회영, 이상설, 이준, 이갑, 이승훈, 김구 등이었다. 상동교회를 세운 윌리엄 스크랜턴William B. Scranton은 이화학당을 세운 매리 스크랜턴Mary F. Scranton의 아들이었는데 그는 헐버트 박사처럼 한국인을 위한 일을 해야 한다고 강조하며 한국인의 상황을 도우려 했고 그로 인해 일본에 우호적인 다른 선교사들과 갈등을 빚기도 했다. 헐버트 박사는 이 상동 청년회와 긴밀히 관계하였고 상동 학원에서는 이동녕과 함께 역사를 가르치기도 했다.

제4의 헤이그 특사, 숨은 공로자 헐버트

헐버트 박사는 1907년 6월 제2차 만국평화회의가 네덜란드 헤이그에서 열린다는 소식을 듣는다. 그는 상동청년회 전덕기 목사에게 소식을 전하는데 전목사는 특사 파견을 상소로 올린다. 고종은 상소를 받아들여 3인의 특사와 신임장을 헐버트 박사를 통해 전하였다. 그리고 헐버트 박사를 조약상대국 국가 원수들을 만나는 또 다른 특사로 임명한다. 그러니 네덜란드 헤이그로 향한 사람은 세 사람이 아닌 네 사람인 것이다. 헐버트 박사는 실제로 1907년 7월 10일 헤이그 평화클럽에서 일본의 침략을 규탄하는 연설을 하기도 했다. 그러나 헐버트 박사의 노력과 특사 3인의 호소도 대한제국의 지지를 이끌어내지는 못했다.

조선인들을 동정하고 가슴 아파할 개인은 있을지 모르나 국가의 이익에 의해 결정되는 외교 회의에서 약소국이던 한국 편을 들어주는 이는 아무도 없었고 특사 모두는 공식 회의석상에 참여하지도 못했다. 평화회의에 모인 이들이 말한 평화란 '모든 나라가 자주권을 갖고 독립 국가를 유지하는 것'이 아니라 '제국주의 열강들이 식민 지배를 넓히려 할 때 서로 부딪히지 않고 잘 나눠 가지는 것'이 평화의 개념이었기 때문이다.

강제 출국, 해외에서 한국독립을 호소하다

1907년 이토 히로부미는 헤이그 특사를 비밀리에 보낸 것을 이유로 친일파를 동원해 고종을 위협하고 강제 퇴위시킨다. 헐버트 박사 또한 미국 정부에 압력을 넣어 강제 소환 방식으로 추방했다. 그러나 헐버트 박사는 비밀리에 고종에게 부탁받은 사실이 하나 더 있었다. 왕실 비자금과 같은 고종의 돈 수십만 마르크를 상해에 있는 독일계 은행에 맡겨 놓았는데 이 돈을 찾아 달라는 부탁이었다. 하지만 일본은 이 정보를 미리 알고 있었고 헐버트 박사가 상해를 찾았을 때 그 돈은 이미 인출된 이후였다. 헐버트 박사는 돈을 찾기 위해 계속 노력하고 항의했으나 황제의 지시 없이는 인출 할 수 없다는 증서조차도 무시하고 열강끼리 담합한 일을 개인이 풀어내기란 역부족이었다. 미국에 돌아간 뒤에도 그는 서재필, 이승만 등과 한국독립을 위해 글을 쓰고 연설을 하며 일본을 비난했다. 1944년에는 '한국문제연구회'에서 발행하는 『한국의 소리』라는 책에 '루즈벨트 대통령이 고종의 청을 거부하고 친일 정책을 펼친 것이 일본 제국주의를 키워주었고 결국 태평양전쟁이 일어나게 되었다.'라는 글을 쓰며 본국을 비판하기도 했다.

중명전은 헤이그 특사와 헐버트 박사 이야기 외에도 대한제국의 마지막 이야기를 담고 있어 관람 내내 마음이 무겁기도 했다. 그러나 한편으로 헐버트와 같은 이방인이 우리나라의 국권을 수호하고 독립을 위해 이토록 노력해 준 모습에 감사한 마음이 컸다. 누구나 대세에 따라가기는 쉬우나 위기에 처했을 때 저항하는 것은 쉬운 일이 아니다. 헐버트 박사는 처음 한국을 방문한 이래 추방당한 이후에도 평생을 한국독립을 위해 살아오고 해방 후 다시 한국을 찾을 정도로 한국을 사랑한 이방인 독립운동가였다. 중명전을 나와 덕수궁 돌담길을 한 바퀴 돌며 정동의 옛 모습들을 눈에 담았다. 그리고 마지막으로 헐버트 박사가 잠들어 있는 양화진외국인선교사묘원을 찾았다.

해방 후 돌아와 양화진에 잠들다

마포구 합정동에 자리한 양화진외국인선교사묘원은 한국에서 활동한 기독교 선교사들과 가족들이 잠들어 있는 공간이다. 양화진 언덕에 오르면 『대한매일신보』 사장을 맡아 일본을 신랄하게 비판하던 베델Ernest T. Bethell의 묘비도 세워져 있다. 그리고 그 뒤로 헐버트 박사의 묘역이 조성되어 있다. 1945년 헐버트 박사는 그토록 원했던 한반도 독립의 소식을 듣는다. 1948년 이승만 대통령은 대한민국 정부수립 후 자신의 스승이자 함께 미국에서 독립운동을 펼친 헐버트 박사를 국빈으로 한국에 초대한다. 해방을 맞은 대한민국 정부의 초청에 80이 넘은 노인의 마음은 어땠을까?

강제 추방된 지 42년! 86세의 노인으로 세월은 흘렀지만 그는 여전히 한국을 사랑했고 한국에 다시 오고 싶어 했다. 연로한 나이에 주위의 걱정도 있었으나 그는 샌프란시스코 항에서 한국행 배에 오르며 언론에 이런 말을 남겼다.

"나는 웨스트민스터 사원보다 한국 땅에 묻히기를 원한다."

헐버트 박사는 해방된 한국에 도착해서도 40여 년간 찾으려 애쓴 고종의 잃어버린 자금을 되찾아야 한다고 주장하며 여전히 해결하지 못한 문제에 관심을 갖고 있었다. 그는 통일된 한국을 보고 싶어 했고 고종의 자금을 찾고 싶어 했으나 지금도 그의 마지막 소원은 이루지 못했다. 그는 8·15 광복절 기념행사를 기다리던 중 8월 5일 병으로 한국을 찾은 지 1주일 만에 생을 마감했다. 그의 영결식은 최초의 외국인 사회장으로 치러졌고 묘는 자신의 첫째 아들 쉘던Sheldon Hulbert이 묻혀 있고 동료들이 잠들어 있는 양화진에 자리하게 되었다.

한국인보다 한국을 더 사랑한 사람으로 불리는 호머 헐버트! 헐버트 박사뿐 아니라 양화진외국인선교사묘원에는 학교를 세우고 병원을 지어 한국인을 섬긴 많은 이들의 이야기가 남아있다. 영국이 자랑하는 웨스트

민스터 성당보다 작은 한 평 남짓한 공간 양화진에 묻히길 원했던 이방인 독립운동가 헐버트를 가슴에 새기고 양화진을 돌아보았다.

❶ 정동 카페 다락에서 본 정동 전경
❷ 정동 육영공원 터
❸ 배재학당역사박물관
❹ 〈사민필지〉
❺ 덕수궁 중명전
❻ 을사늑약 체결 장면 재현
❼ 헐버트 박사 묘

함께 걷는 독립운동의 길

정동 육영공원 터 (서울시립미술관) — 배재학당역사박물관 — 삼문출판사 터 — 덕수궁 중명전 — 헐버트박사 묘 (양화진외국인선교사묘원)

배재학당역사박물관

우리나라 최초의 서양식 근대교육기관인 배재학당의 동관 건물(1916)로 현재 배재학당역사박물관으로 사용되고 있다. 건물 앞으로 500여 년 수령의 향나무가 있으며 배재빌딩, 러시아 대사관 자리가 옛 배재학당의 건물과 운동장이 있던 곳이다.

덕수궁 중명전

중명전은 수옥헌이라는 이름으로 황실 도서관으로 계획된 공간이었으나 덕수궁 대화재로 인하여 황제의 거처로 사용되며 을사늑약의 체결장소가 되기도 했다. 해방 후 여러차례 주인이 바뀌기도 했으나 2010년 복원되어 시민들에게 개방되었다.

헐버트박사묘(양화진외국인선교사묘원)

양화진외국인선교사묘원은 인근 천주교 절두산 순교성지와 함께 신·구교가 함께 자리하고 있는 성지로서 헐버트박사를 비롯하여 400여 명이 넘는 개신교 선교사들과 자녀들이 잠들어 있는 안식처이다.

황제의 조력자, 밀사의 밀사이며 우리 민족의 벗이 되어 준 푸른 눈의 조선인. 어두운 조선에 햇살이 되어 준 느낌을 나타내고 싶었다. 그의 소원대로 햇살이 내리쬐는 양지 바른 양화진에 묻혀 있는 모습을 보면 그가 진짜 'Mr. Sunshine'임을 알 수 있다. Hexter

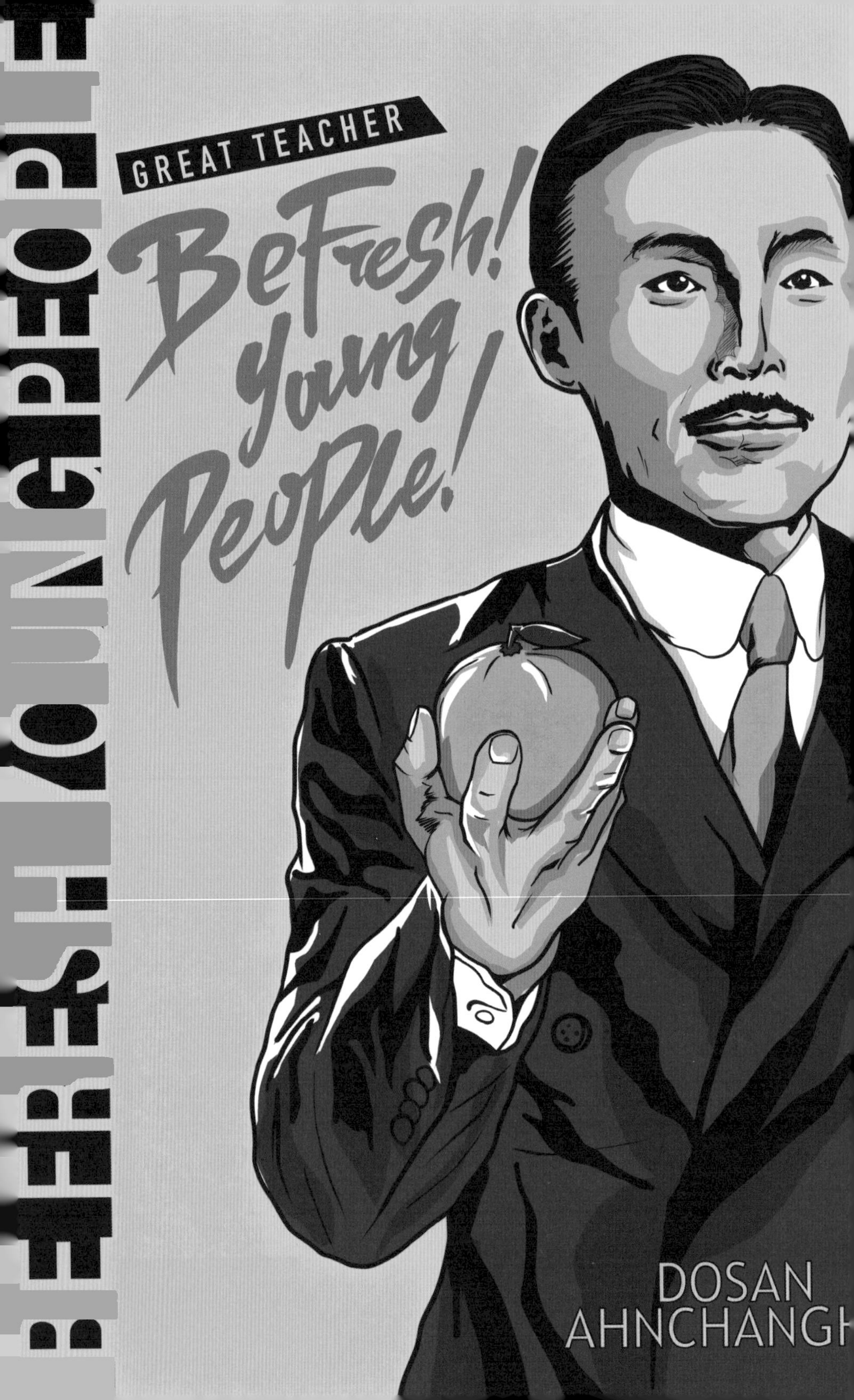
GREAT TEACHER
Be Fresh! Young People!
DOSAN
AHNCHANGH

그대는 나라를 사랑하는가. 그러면 먼저 그대가 건전한 인격이 되라.

우리 중에 인물이 없는 것은 인물이 되려고 마음먹고 힘쓰는 사람이

없는 까닭이다. 인물이 없다고 한탄하는 그 사람 자신이 왜 인물이 될

공부를 아니하는가.

－도산공원 비문

　나라와 지도자에 대한 한탄과 아쉬움만을 표현하지 말고 우리 스스
로가 '인물'이 될 것을 주장하며 본인 스스로 진실과 성실과 겸손을 실천
한 이가 도산島山 안창호1878~1938 선생이었다. 장마가 한창인 주말 서울
강남에 자리한 도산공원을 찾았다. 지하철역에서 골목을 통해 공원을 찾
는 일은 어렵지 않았다. 1973년에 개원한 도산공원은 망우리 공원에 있
던 선생과 부인 이혜련 여사의 묘를 옮겨왔고 공원 가운데 도산의 동상을
크게 세웠다.

도산공원, 안창호 선생 기념관

공원 입구에는 순국 60주년을 기념해 설립된 '안창호 선생 기념관'
도 자리하고 있었다. 먼저 선생의 부부가 잠들어 있는 묘를 찾았다. 평생
함께한 시간보다 떨어져 살았던 시간이 더 많았던 부부가 이제 생을 마
감하고 영원히 함께 잠들어 있다는 생각에 가슴이 뭉클했다. 세계 곳곳을
다니며 조국 독립에 헌신하였고 가족과 떨어져 있어도 가족을 만날 때면
따뜻한 아버지로 자상한 남편으로 가족을 소중히 여겼던 도산이 그려졌
기 때문이다. 묘에서 그가 가족과 함께 한 시간을 떠올려본 후 공원 가운
데 자리한 도산의 동상을 찾았다. 우뚝 솟은 큰 동상은 2003년 새롭게 건
립한 동상으로 이전 동상이 부식과 안전에 문제가 있어 새롭게 건립했다
고 한다. 공원을 한 바퀴 돌면 곳곳에 도산이 남긴 말들이 비문에 새겨져
있는데 한 구절 한 구절 그냥 읽고 지나칠 수 없는 말들이었다. 나의 변화
부터, 청년의 역할을 강조한 내용까지 평생 무실역행_{무실務實이란 '실實'을}
_{힘쓰자는 뜻이고 '실'은 진실·성실, 거짓 없는 것을 말하며, '역행'力行은 '행'行을 힘쓰자}
_{는 것을} 몸소 실천한 그의 자세와 정신이 잘 표현되어 있기 때문이다.

민족의 현실, 개선을 위해 뛰어들다

공원을 돌아본 후 기념관을 찾았다. 내부에는 도산의 삶이 주제별로
시간 순으로 소개되어 있었다. 도산은 1878년 평안남도 강서군에서 태어
났다. 농사를 짓는 몰락한 선비 가문에서 태어나 자랐으나 그는 글방에서

공부를 이어갔고 고향 선배인 필대은을 만나 조국의 현실과 민족애에 눈을 뜨기 시작한다. 17세의 나이에 평양에서 동학농민운동과 청일전쟁을 직접 목격하고 민족의 현실을 마주하며 이 현실을 어떻게 바꿔나갈 수 있을지 고민하기 시작한다. 새로운 세상, 변하는 정세에 맞추어 도산은 새로운 배움이 필요하다고 판단했고 평양을 떠나 서울로 올라온다. 언더우드 선교사Horace G. Underwood가 정동에 세운 언더우드 학당구세학당, 경신중고등학교에 1895년 입학하였다. 도산에게 있어 이곳은 민주주의와 실용주의에 눈을 뜨는 좋은 배움의 장소였다. 3년의 배움과 새로운 세상을 꿈꾸며 그는 1897년 독립협회에 가입한다.

젊은 급진 관료들이 개혁을 꿈꾸며 일으킨 갑신정변이 실패로 돌아간 지 10여 년이 지난 후 미국에서 귀국한 서재필을 비롯한 개화 지식인들은 좀 더 큰 규모의 대중운동을 준비한다. 그렇게 준비한 것이 『독립신문』과 독립협회로 이어졌고 다양한 계층의 사람들과 청년들이 참여했다. 도산은 평양 관서지부에서 열린 만민공동회 연설자로 쾌재정快哉亭에 올랐다. 이 연설은 청년 도산을 사람들의 기억에 새기는 중요한 연설이 되었다. 왜냐하면 정부 관리들이 여럿 참석한 가운데 그들의 부정부패와 잘못을 하나하나 열거하며 날카롭게 비판했기 때문이다. 수많은 군중들은 평소 생각하던 바를 누구 하나 속 시원하게 말하지 못했던 때에 한 청년이 낱낱이 밝히며 선포하자 다들 '옳은 말이다!'라며 박수갈채를 보냈다. 그 자리에 참석한 관리들은 얼굴을 붉히기도 했고 도산에 대해 분노를 표하기도 했다.

나라의 운명이 기울어지는 현실과 불안한 미래를 외면하거나 낙심하지 말고 각자 자신의 역할을 힘써 행하자는 호소와 온전한 자주독립국을 열망하는 부르짖음이었다. 그러나 독립협회의 활동은 오래 지속되지 못했다. 개혁적인 정치 활동에 위기를 느낀 기득권층과 보수 관료들의 반대와 모함 등으로 결국 고종은 해산을 명했고 40여 일의 철야 시위에도 정부는 황국협회 등을 동원해 1898년 말 독립협회를 강제 해산시켰다. 또 한 번 근대 국가의 꿈이 좌절되는 순간이었다. 그러나 도산은 늘 주장한 대로 포기하지 않았고 고향으로 돌아와 최초의 남녀공학이라 할 수 있는 점진학교를 세워 교육을 통한 인재 양성을 시작한다. 3년간의 교육사업 후 선교사의 도움을 받아 더 큰 배움을 위해 미국 유학길에 오른다. 아내 이혜련 여사와 결혼한 후 태평양을 건너는 긴 항해 속에 우뚝 솟은 하와이섬의 산들을 보았다. 그 광경에 감동한 안창호 선생은 자신의 호를 도산島山으로 짓는다. 망망대해 같은 보이지 않는 조선의 미래에 산처럼 솟아 이정표가 되고자 희망한 자신의 삶을 표현하는 호가 아니었을까…

한인사회, 한 사람이 사회를 바꾸다

기념관에는 도산의 미국 생활이 소개되어 있다. 그는 더 큰 배움을 위해 미국을 찾았으나 당시 교민들의 생활을 보며 놀라움과 충격에 사로잡힌다. 동포들끼리 도와가며 서로 단합해도 살기 어려운 때에 자신만을 위한 거짓과 속임은 일상이었고 싸우는 일도 빈번하게 일어났다. 개인 위생과 주거 환경 또한 열악했기에 한국 교민에 대한 미국 사회의 이미지는 좋지 않았다. 도산은 이런 교민 사회를 외면하고 자신의 공부에만 매진할 수 없었다. 그래서 교민들의 생활개선을 위해 본인이 솔선하는 모습을 보였다. 마을 골목골목을 청소하는 일부터 시작해 집집마다 방문하여 바닥을 닦아주거나 유리창에 커튼을 설치해주고 집안일을 도왔다. 집 앞에 화분을 가져다 놓거나 쓰레기를 치우며 환경도 깨끗하게 바꾸었다. 시설 수리가 필요한 곳은 할 수 있는 한 직접 수리도 해 주었다. 이러한 젊은이의 모습에 교민들은 의아해하며 간섭받는 것 같아 귀찮아하기도 했으나 대가를 바라지 않고 말보다 행동을 이어가는 그를 점차 신뢰하게 되었다. 샌프란시스코에서 생활개선을 위한 노력을 한 후 캘리포니아 리버사이드로 거처를 옮긴 도산은 자신의 가족도 어려운 형편이었으나 교포들의 일자리와 사회 생활을 직접적으로 돕고자 했다. 그의 나이 26세 때의 일이다. 이러한 한 청년의 활동이 미국에서는 당신의 나라에서 새로운 지도자가 온 것이냐를 물을 정도로 그렇게 조선에서 온 한 젊은 리더는 한인 사회를 바꾸고 있었다.

도산의 노력이 첫 결실로 드러난 것이 '공립협회'의 설립이었다. 공립협회는 교민들의 화합과 결속을 위해 만든 단체로 생활 규약이 담긴 구체적인 실천내용을 세웠으며 공립회관 건립과 『공립신문』을 창간하였고 이 신문은 훗날 국민회의 창립과 함께 『신한민보』로 발전한다. 도산의 국민회는 하와이와 샌프란시스코 등의 한인회를 통합해 대한인국민회로 발전하는데 교민 사회의 외교관 역할까지 수행하였고 미국 사회에서도 한국인만큼 정직하고 부지런한 사람이 없다고 인정할 정도였다. 도산의 솔선수범하는 삶과 연합의 정신이 한인사회에 영향을 끼친 결과였다. 이렇게 작은 일에도 정성을 다하는 삶의 자세와 태도들이 오늘 우리 사회에도 던지는 메시지가 큰 것 같다.

"오렌지 하나를 따더라도 정성껏 하는 것이 나라를 위하는 길이다."

신민회 활동, 다음 세대를 양성하다

1907년 2월 도산은 미국에서 돌아왔다. 그리고 우리 스스로 힘을 길러 '백성을 새롭게 한다.'는 의미가 담긴 신민회를 결성하였다. 윤치호, 양기탁, 전덕기, 신채호, 이승훈, 김구 등도 참여한 비밀결사 단체였다. 윤치호를 회장으로 추대하고 자신은 실제적인 행동 강령과 조직을 세우는 역할을 맡는다. 곧이어 평양에서 대성학교를 열어 신교육의 장도 마련했다. 구국과 독립에 있어 가장 중요한 것은 먼저 의식이 바뀌어야 하고 그러기 위해서는 교육이 중요하다는 것을 누구보다 잘 알고 있었기 때문이다. 대성학교 에서는 조회 때마다 학생들에게 애국가를 부르게 했는데 그래서 대성학교 교장을 역임한 윤치호와 도산 선생을 유력한 애국가 작사자로 꼽는다. 또한 애국가의 가사 중에 '임군을 섬기며'라는 부분이 있었는데 1919년 도산 선생이 상해 임시정부에서 지금 우리가 부르는 '충성을 다하여'로 고쳐 부르도록 했다고 한다.

이 기상과 이 맘으로
임군을 섬기며(충성을 다하여)

괴로우나 즐거우나

나라 사랑하세

평양 만민공동회 강연은 남강 이승훈과의 만남으로 이어진다. 남강은 도산보다 14살이나 많았고 당시 그릇 장사를 통해 부를 이룬 유명한 사업가였다. 그는 자신의 부는 이루었지만 나라가 위태로운 시기에 무엇을 할지 고민하던 중 도산의 강연을 듣게 된다.

"나라가 없고서 한 집과 한 몸이 있을 수 없고 민족이 천대받을 때 혼자만이 영광을 누릴 수 없다."

자기보다 한참이나 어리고 이제 막 서른에 이른 젊은이의 연설이었지만 남강은 큰 도전과 감동을 받았다. 그리고 며칠간의 고민 끝에 자수성가한 자신의 부富를 교육에 쏟아 고향 정주에 오산학교를 설립했다. 이로써 평양의 대성학교와 정주의 오산학교는 신민회 간부들이 민족교육을 위해 세운 근대학교로 많은 인재를 배출하게 된다. 남강은 좋은 교사들을 초빙하기 위해 애썼다. 왜냐하면 단순히 신문물만 익히는 것이 아니라 민족과 나라를 사랑하는 정신이 깃든 교육을 실천하고 싶었기 때문이다. 류영모, 조만식, 염상섭, 신채호, 홍명희, 이광수 등 당대 최고의 지식인들을 어렵게 모셔왔다. 그런 좋은 교사진 속에서 김소월, 백인제, 백석, 이중섭, 주기철 같은 인물이 배출되었다.

도산은 누구를 만나든 어떤 자리에서든 항상 바른 몸가짐과 옷차림으로 의연한 자세를 잃지 않았다. 그가 귀국한 1907년은 고종황제가 강제로 쫓겨나고 군대가 해산당하며 '동양 평화'라는 명분으로 조선을 삼키려는 이토 히로부미가 통감으로 활동하는 때였다. 많은 이들이 도산이 직접 이토 히로부미를 면담해 볼 것을 권유했다. 도산은 처음에는 이토 히로부미를 만나도 달라질 것이 없다고 사양했으나 일본의 잘못된 생각을 깨우쳐주기 위해 면담을 제안한다. 통감부에서도 한국의 젊은 지도자와 청년들을 자기편으로 끌어들이려 하였기에 면담에 응했다. 청일전쟁과 러일전쟁을 승리로 이끈 66세의 노련한 정치가 이토 히로부미와 도산 안창호의 만남이 이루어진 것이다. 도산은 이토와의 만남에서도 당당함을 잃지 않았다. 서양 세력을 방어하기 위해 '동양 평화'라는 이름으로 동양이 하나로 뭉쳐야 하며 우리는 조선을 도와주러 왔다는 주장에 맞서 도산은 그 말이 명백한 거짓임을 열거해 나갔다. 조선의 외교권을 박탈하고 통감부를 설치한 것, 애국지사들을 체포하여 감옥에 가둔 것, 경제적인 침탈을 가속화 하는 것 등을 말하며 정말 한국을 도와주길 바란다면 한국에서 떠날 것을 주장하였다. 그런 당당함 앞에 이토 히로부미도 더는 말을 이어나갈 수 없었다.

조선 침략의 원흉으로 활동한 이토 히로부미는 1909년 10월 26일 만주 하얼빈역에서 안중근 의사의 총탄에 쓰러진다. 그 영향으로 국내의 독립운동 지도자들도 대거 체포되어 조사를 받게 되었다. 도산도 체포되어 조사를 받았으나 혐의를 찾을 수 없어 곧 풀려났다. 그 후 신민회 간부들과의 협의 끝에 망명을 결정하고 1910년 4월 〈거국가〉라는 노래를 남기며 떠났다.

간다 간다 나는 간다 / 너를 두고 나는 간다

잠시 뜻을 얻었노라 / 까불대는 이 시운이

나의 등을 내밀어서 / 너를 떠나가게 하니

일로부터 여러 해는 / 너를 보지 못할지나

그 동안에 나는 오직 / 너를 위해 일할지니

나 간다고 설워 마라 / 나의 사랑 한반도야

해외에서의 활동,
미주 대한인국민회, 흥사단, 상해임시정부

도산은 중국 산동성을 방문하고 만주와 연해주 일대를 방문하여 동포들의 삶을 돌아보고 독립운동의 역량을 모으려 노력했지만 독립운동의 방향을 둘러싼 분쟁을 보며 민족의 정신부터 바꾸는 '민족개조론'의 마음을 품게 된다. 시베리아 횡단 철도로 유럽을 지나 대서양을 건너 미국에 도착한 도산은 공립협회를 확장한 대한인국민회와 흥사단을 창립한다. 대한인국민회가 사단법인으로 인가를 받으면서 미국의 관리들도 한국인과의 문제는 대한인국민회와 상의할 정도로 신뢰를 높여 갔다. 흥사단의 설립은 유길준의 영향을 받아 청년학우회의 정신을 계승하는 단체였다. 대한인국민회가 재미동포들의 권익과 보호를 목적으로 한다면 흥사단은 무실務實 · 역행力行 · 충의忠義 · 용감勇敢이라는 덕목을 갖추어 자신을 개조하고 실력을 양성함으로 훗날 독립전쟁까지 생각하며 준비한 단체였다.

1914년 세계 제1차 대전이 발발하며 혼란에 휩싸일 무렵 해외 동포들을 하나로 묶는 대한인국민회도 분열하는 모습을 보였다. 본의였든 아니었든 지방총회의 박용만이 뒤로 밀리고 이승만이 하와이 총회의 실권자가 되자 지지자들 또한 나뉘게 되었다. 도산은 반목과 파벌을 경계하며 하나로 뭉칠 것을 강조하지만 반목은 하나 됨을 어렵게 하였다. 3·1운동 직후 중국 상해와 러시아 블라디보스토크 그리고 국내에서도 임시정부들이 세워졌다. 3개의 임시정부 요인 명단 모두에 도산의 이름이 올라갔다. 그는 자신의 자리보다 임시정부의 역량을 하나로 모으려는 생각만을 갖고 다시 미국을 떠나 상해로 향했다. 상해에 도착한 도산은 동지들의 열렬한 환영을 받았으나 그의 뜻처럼 독립운동의 역량을 하나로 모으려는 노력은 난관에 부딪혔다. 정부의 제도 문제, 독립운동의 방향 문제, 무엇보다도 가장 어려웠던 점은 독선적인 태도를 보이는 지도자들 간의 불신과 일방적인 행동들이 연합을 어렵게 했다. 도산은 어려운 임시정부 속에서도 내무총장직을 맡아 밤낮없이 많은 업무를 감당하며 노력했으나 이동휘는 국무총리직 사표를 던지며 떠났고 이승만은 탄핵을 받고 미국으로 떠났다. 안타까운 지도자들의 모습이 아닐 수 없는 장면이었다.

연합운동을 꿈꾼 독립운동가

오늘날 도산과 같은 정치인이 있다면 다른 정치인들과 국민들은 그를 어떻게 바라볼까? 도산의 한결같은 정직함과 거짓 없는 태도는 공산주의자들조차도 존경을 표했으며 많은 이들이 그를 통하여 독립운동 자금을 전달하고 받았다. 친일 인명사전에 오른 보성전문학교 교장 김성수와 조선일보 사장 방응모조차도 도산을 존경하며 모시려고 했다.

1920년대 도산은 상해에서 민족유일당운동을 펼친다. 임시정부가 어려운 상황에서도 국내외에서 하나 된 독립운동의 역량을 모으려고 애썼다. 그러다 1932년 4월 윤봉길 의사의 홍커우공원 의거로 도산은 일본 경찰에 체포되어 서울로 압송된다. 죄목은 치안유지법 위반이었다. 그는 윤봉길 의거와 아무 관련이 없음을 주장했지만 받아들여지지 않았고 징역 4년 형을 선고받아 서대문형무소에서 대전형무소로 이감되었다.

"나는 밥을 먹어도 대한의 독립을 위해, 잠을 자도 대한의 독립을 위해 해왔다. 이것은 내 목숨이 없어질 때까지 변함이 없을 것이다."

법정에서도 의연한 자세는 한결같았으나 그의 몸은 고문과 감옥 생활로 점차 병들어갔다. 소화불량과 간경화, 폐병으로 몸이 갈수록 쇠약해진 것이다. 1935년 가假출옥해 평안남도 대보산 송태 산장에 머무르며 찾아오는 이들을 만나거나 강연과 연설을 이어오며 평소 생각하던 이상촌 건설 계획도 세우지만 1937년 수양동우회 사건으로 다시 서대문형무소에 수감되었다. 도산의 몸은 쇠약해질 대로 약해져 결국 병보석으로 풀려나 경성제국대학병원에 입원한다. 윤치호와 김성수 이광수 등이 병원비를 대고 한약까지 지어 보냈지만 소용없었고 1938년 3월 10일 61세의 나이로 세상을 떠났다.

우리 시대에 필요한 지도자

도산이 임종 전 마지막으로 만났던 선우훈은 "내가 죽은 후에 내 몸은 평소 아들같이 여기던 유상규 군 옆에 묻어 주오."라고 말했다고 한다. 유언에 따라 태허 유상규의 묘가 있는 망우리 공원에 잠들게 되었다. 일본은 그의 죽음이 불러올 시위나 항거에 위기를 느끼고 도산의 장례식을 엄격하게 감시하고 통제했다. 한반도는 물론 중국 임시정부와 미국의 한인사회에서도 그의 죽음을 슬퍼하며 애도하는 글이 넘쳤다. 한인회의 주도권을 두고 대립했던 이승만도 도산을 추도하는 한시를 지어 애도를 표할 만큼 그는 어느 정당, 어느 정파를 초월하여 존경받는 인물이었다. 현재 미국에는 한인사회의 구심점 역할을 한 도산을 기념하는 기념관과 동상은 물론 그의 이름을 딴 '안창호 우체국'과 '도산 안창호 기념 인터체인지'까지 세워져 있을 정도이다.

일생을 살아가며 독립운동의 생각과 방향이 다르다 하여 비난하거나 파벌을 만들지 않았던 지도자! 개인 생활에 있어서도 어떤 특혜를 취하거나 불의한 행동을 하지 않은 지도자 도산! 한번은 그가 어느 곳으로 가기 위해 역으로 나왔으나 여비가 모자랐다. 그러자 옆에 있던 국민회 간부는 걱정하지 않아도 된다며 만약을 대비해 아는 목사님의 신분증을 빌려 왔다고 말했다. 도산이 궁금해 물으니 이 신분증을 이용해 열차표를 예매하면 할인받을 수 있다는 것이었다. 그 말을 들은 도산은 정직하지 못한 행동이라 말하며 반대하였고 필요한 여비를 준비해 다음에 떠날 것을 요청했다.

한국 사회에 얼마나 많은 사람들이 누구의 이름, 누구의 직책을 이용해 혜택을 받고 이권을 챙기는 행태가 많은지 모른다. 이런 우리 사회에 도산 안창호 선생의 삶은 부끄러움마저 들게 한다. 뛰어난 사람, 똑똑한 사람은 많으나 손해를 감수하는 사람, 상대방을 배려하는 사람은 갈수록 찾기 힘든 시대에 살고 있다. 국민을 위한다는 지도자, 일류기업이라 말하는 기업가, 많은 지식을 갖춘 전문가들은 넘쳐나지만 진정 도산 안창호 선생 같은 국민의 스승이라 불릴 만한 인물은 찾아보기 어렵다. 그래서 선생의 삶과 정신이 더 그리운 것 같다. 기념관을 나오며 문득 도산의 삶을 표현할 만한 『중용』 23장의 가르침이 생각났다.

작은 일도 무시하지 않고 최선을 다해야 한다. 작은 일에도 최선을 다하면 정성스럽게 된다. 정성스럽게 되면 겉에 배어 나오고 겉에 배어 나오면 겉으로 드러나고 겉으로 드러나면 이내 밝아지고 밝아지면 남을 감동시키고 남을 감동시키면 이내 변하게 되고 변하면 생육된다. 그러니 오직 세상에서 지극히 정성을 다하는 사람만이 나와 세상을 변하게 할 수 있는 것이다.

❶ 도산공원, 도산기념관 입구
❷ 도산 안창호 선생 동상
❸ 도산공원 내 안창호 선생의 어록비
❹ 미국 오렌지 농장에서 한인들과 대화(1912년)
❺ 도산 안창호기념관
❻ 도산 안창호기념관 내부
❼ 서대문형무소

함께 걷는 독립운동의 길

● 도산공원
(안창호 선생 부부묘 · 동상 · 어록비)

● 도산안창호기념관

● 서대문형무소

도산공원
서울 강남구에 자리한 공원으로 도산 안창호 선생의 애국정신과 교육정신을 기리고자 조성되었다. 공원을 조성하며 망우리에 있던 선생부부 묘를 옮겨 왔으며 공원 내부에는 선생의 동상과 여러 어록들이 새겨진 비석이 자리하고 있다.

도산안창호기념관
도산공원 내에 자리한 기념관은 안창호선생의 생애와 국내외 독립운동에 관한 자료가 전시되어 있다. 안창호선생과 이혜련여사의 가족이야기와 임시정부에서의 활동상들도 소개되어 있다.

서대문형무소
서대문독립공원 내에 자리한 서대문형무소는 많이 축소되긴 하였으나 옛 일제의 만행과 고문이 자행되는 공간들이 재현되어 있고 독립지사들의 이야기와 의지가 살아있는 공간으로 아픈 기억이지만 잊어서는 안되는 교훈을 주는 학습의 장으로 사용되고 있다.

오렌지 농장에서 노동을 할 때조차 미국인 고용주들에게 한인들에 대한 인상을 좋게 심어주기 위해 늘 정장을 입고 수확을 하셨다는 데서 감동을 받아 그림을 그려보았다. 근면성실함으로 본이 되어 민족의 스승이 되시고 타국에서 나라 잃은 슬픔에 낙심하지 말라고 전해주고 계신다. Hexter

Women Change the world

Graduation

김마리아
1891 - 1944

한국의 잔 다르크, 불굴의 항일 독립운동가 _____ **김마리아**

우리는 얼마나 많은 여성 독립운동가들을 알고 있을까? 유관순이라는 이름 외에는 막상 떠오르는 인물이 별로 없다. 그 이유는 여성 독립운동가가 없어서가 아니라 교육 현장에서 배우지 못했기 때문이다. 달리 말하면 관심 있게 연구하거나 알리지 않았기 때문이다. 추운 겨울 치열한 삶을 살아갔던 한 여성 독립운동가를 기념하고 있는 종로를 찾았다. 우리 독립운동사에 '한국의 잔 다르크'라는 호칭을 붙이는 여성, "나는 대한의 독립과 결혼하였다."라고 밝힐 만큼 당시 신문 기사에 자주 등장하는 여성 독립운동가가 김마리아 열사이다. 종로에 새롭게 조성된 김마리아 길을 걸으며 그녀의 삶을 따라가 본다.

여성 독립운동가, 김마리아 길을 찾다

김마리아1892-1944 열사는 어떤 분일까? 그녀의 활동과 이야기를 간직한 곳이 2019년 11월 '김마리아 길'이라는 이름으로 종로에 조성되었다. 김마리아 길의 공식 명칭은 '불굴의 항일여성 독립운동가 김마리아 길'이다. 종로 골목 투어의 한 코스로 연지동 연동교회에서 옛 정신여학교 본관이었던 '세브란스관'과 보호수 '회화나무', 그녀가 잠시 머물렀던 '선교사의 집', 그리고 김마리아의 이야기가 소개된 '여전도회관'까지 이어지는 길이다. 일제강점기 국내외 여성운동을 대표했지만 잘 알려지지 않은 김마리아 열사의 삶을 만나러 그 길을 찾았다.

먼저 연동교회 역사관을 방문했다. 연동교회는 게일James. S. Gale 선교사가 설립한 곳으로 김마리아 열사는 이곳에서 세례를 받았다. 연동교회는 많은 독립운동가를 배출한 곳이기에 교회 내 독립운동가를 기념하는 공간이 따로 마련되어 있다. 연동교회 애국지사 16인 가운데 김마리아 열사의 사진이 있었다. 역사관을 살펴본 후 도보로 옛 정신여학교 본관이었던 세브란스관을 찾았다. 이화梨花와 함께 정신貞信은 당시 신여성 교육의 산실이자 여성 독립운동가를 배출하던 요람과 같은 곳이었다. 정신여학교는 1887년 6월 미국 북장로교에서 파송된 여성의료선교사 애니 엘러스Annie J. Ellers가 정동에 '정동여학당'이란 이름으로 학교를 시작하였고 1895년 연지동으로 교사를 옮겨 '연동여학교'라 불렀다. 그 후 연동교회를 설립한 게일에 의해 1909년 정신여학교라는 이름을 사용한다. 굳건한 믿음, 고결한 인격, 희생적 봉사라는 교훈은 '정신'이라는 이름에서 잘 드러난다. 현재 옛 정신여학교 세브란스관은 더 이상 학교로 사용하지 않는다. 정신여학교가 강남으로 이전했기 때문이다. 그래서 예전처럼 학교의 기능은 하지 않지만 3·1운동 당시의 모습과 김마리아 열사의 삶을 떠올릴 수 있는 귀한 역사의 현장이 보존되어 있다.

김마리아, 독립을 위해 기모노를 입다

김마리아 열사는 1892년 황해도 장연군 대구면 송천리 소래마을에서 태어났다. 그녀의 가족과 친척들은 개화 문명을 받아들인 근대 지식인들로서 항일 독립운동에도 참여한 가문이었다. 계몽운동가 아버지 김윤방을 비롯해 김필순, 서병호, 김순애, 김규식, 김필례 등 한국 근대사에 이름을 남긴 분들이 여럿 있었는데 이들에게 큰 영향을 받았다. 여성교육과 여성의 역할을 강조한 가정에서 자라고 교육받은 김마리아 열사는 지식 못지않은 의식을 지닌 여성으로 성장한다. 김마리아 열사의 아버지는 그녀가 4세 때 세상을 떠났고, 어머니도 14세 때 세상을 떠났다. 그럼에도 불구하고 열심히 공부해 유학을 다녀오라는 어머니의 유언대로 그녀는 학업에 열중한다. 1904년 세브란스 병원에 다니는 삼촌 김필순의 도움으로 정신여학교에 입학했다. 그리고 삼촌 집에 드나들던 개화 지식인이었던 김규식, 안창호 같은 인물을 알게 된다. 정신여학교를 졸업한 후 언니 김함라가 근무하는 광주 수피아 여학교에서 교사로 재직하기도 했으나 다시 서울로 올라와 모교 교사로 활동한다. 열정적인 여성으로 활동하는 김마리아 열사를 좋게 본 정신여학교 교장 루이스Margo. L. Lewis는 그녀의 일본 유학을 돕는다. 일본 히로시마고등학교와 긴자여학교錦城女學校를 졸업하고 도쿄여자학원東京女子學院 대학부에서 공부하며 유학생들과 함께 토론회를 열고 민족의식과 사회의식을 높여갔다. 일본 유학생이었던 이광수, 김도연, 백관수 등과도 교류하였는데 마침 1차 세계대전이 끝난 후 미국 대통령 윌슨의 민족자결주의 원칙이 선포되어 많은 식민지 국가들이 해방을 기대하던 때였다.

각 민족의 정치적 운명을 스스로 결정할 권리가 있으며, 다른 민족의 간섭을 받을 수 없다. -우드로 윌슨 '14개 항'

세계정세에 밝았던 도쿄 유학생들이 윌슨의 발표에 고무되어 토론회 등을 열고 민족의식을 높여갔다. 도쿄 여자 유학생 친목 회장이던 김마리아도 가만있지 않았다. 1918년 12월 18일 조선기독교청년회관 YMCA에서 400여 명이 모여 독립에 관한 의견을 나누었는데 한 달 후 고종의 죽음이 알려지면서 일본에 대한 분노는 더욱 커졌고 김마리아 열사는 체포되어 조사를 받기도 했다. 1919년 2월 8일 다시 한 번 조선기독교청년회관에서 남녀 유학생들이 모여 독립선언문을 낭독하며 독립의 의지를 알렸다. 김마리아와 황에스더는 여성 유학생 대표로 연설하며 독립의지를 나타냈으나 일본은 김마리아 열사를 비롯한 주도자들을 체포하고 고문하였다. 며칠 후 출소한 김마리아 열사는 이 독립선언서의 내용을 본국에 전달하는 임무를 맡았다. 힘들게 나선 유학길이었고 한 달 남은 졸업도 포기해야 했지만 기꺼이 귀국을 선택했다. 심지어 독립 연설로 일본의 삼엄한 감시를 받고 있어 위험을 무릅써야 했지만, 「2·8독립선언서」를 품에 안고 무사히 귀국한다. 1919년 2월 15일 그녀가 부산항에 도착했을 때 그녀의 옷차림은 기모노 복장이었다. 유학생 시절에도 늘 한복만 고수하며 우리 문화를 지키려던 그녀가 일본 옷차림을 하고 들어온 이유는 무엇일까? 그것은 허리띠 안에 감춘 독립선언서 때문이다. 일본인으로 속여 몰래 독립선언서를 가져오기 위해 기모노 복장을 하고 들어온 것이다. 유학 생활의 어려움을 다 겪고 불과 한 달 남은 졸업을 포기하고 위험을 감수한 채 독립선언서를 품고 기모노를 입은 그 용기가 참 대단했다. 큰 뜻 앞에 두려워하지 않고 올곧은 길을 가는 그녀의 행동은 가족과 친지들, 그리고 정신여학교에서의 배움이 있었기에 가능했을 것이다.

3·1만세운동 주도, 혹독한 고문을 받다

부산항에 도착한 김마리아 열사는 백산상회를 운영하던 안희제를 만나 독립운동에 관한 이야기를 나누고 광주로 향했다. 언니 김함라의 집을 찾아 일본에서의 이야기를 들려주며 갖고 온 독립선언서를 인쇄해 대구를 거쳐 서울에 올라와 정동 이화학당을 찾았다. 황애덕, 박인덕 등을 만나 일본에서의 2·8독립선언의 내용을 알리고 우리나라에서 행해지는 만세운동에 여성들도 동참해야 함을 강조했다. 그녀는 민족대표들을 만나 대규모의 독립운동을 일으켜 줄 것을 요청하였고 자신들의 활동을 전하였다. 1919년 3월 1일 평양과 서울에서 독립 만세운동이 일어났을 때 그녀는 황해도를 돌며 독립운동에 동참해 줄 것을 호소하고 있었다. 다시 서울로 돌아오자 일제는 만세운동의 주도자라는 이유로 김마리아 열사를 체포하였다. 그녀는 보안법 위반으로 끌려갔다. 악명 높은 왜성대倭城臺로 불린 현재 남산골 한옥마을 자리에 있었던 조선총독부 경무 총감부에 끌려간 것이다. 그러나 그녀는 무서운 고문 도구로 가득한 취조실에서도 당당함을 잃지 않았다. 배후와 연루자를 말하라는 압박과 혹독한 고문에도 오히려 '독립운동이 어째서 죄가 될 수 있느냐?'며 따졌다. 서대문형무소로 옮겨져 여옥사에 머무르면서도 그녀는 뜻을 굽히지 않았다. 일본 경찰들은 '네가 그렇게 똑똑하냐?'며 머리를 계속 내리쳐 귀와 코에 고름이 차는 메스토이병을 얻어 평생 후유증에 시달렸다. 일제는 여성을 굴복시켜 독립에 대한 의지를 꺾어야 식민지 조선에서 태어난 자녀들도 순순히 굴복시킬 수 있다고 판단하고 여성에게 더욱 가혹한 고문을 가했으나 누구도 김마리아 열사의 독립 의지를 꺾지 못했다. 우리는 '독립운동가'라는 삶의 무게를 얼마나 느끼며 살아갈까? 그들이 내려놓아야 했던 삶, 또 그들이 짊어져야 했던 삶, 전혀 다른 시대를 살아가는 세대로서 우리는 그분들의 삶을 어떻게 해석하고 받아들여야 할까?

"너희 할대로 다 해라. 그러나 내 속에 품은 내 민족 내 나라 사랑하는
이 생명만은 못 빼내리라."

대한민국 애국부인회 활동

1919년 8월 4일 그녀는 고문으로 몸이 많이 상했지만 증거 불충분으로 풀려났다. 쉴 틈도 없이 9월 정신여학교에서 최초의 전국적 여성운동 조직인 '대한민국 애국부인회'를 결성한다. 기존에 활동하던 여성부인회를 확대해 전국적인 규모로 재조직한 것이다. 정말 그칠 줄 모르는 열

정과 행보였다. 한 달 만에 회원 2,000여 명, 전국 15개 지부에 해외지부까지 설치하며 전국적인 조직망을 갖춘 단체로 발전한다. 상해 임시정부에 군자금 6,000원을 비밀리에 모아 전달하였고 일제와 싸울 독립전쟁에 대비해 결사부와 적십자부를 설치하고 각각 백신영과 이정숙에게 맡기고 자신은 회장을 맡았다. 그러나 일본은 끈질기고 지독했다. 한 조직원의 배신으로 알려진 애국부인회 임원진 50여 명을 체포해 대구경찰서로 압송한 것이다. 이때 김마리아 열사는 모든 이들이 고통을 당해서는 안 된다고 판단, 자신과 간부 몇 명이 활동을 이끈 것이며 다른 여성들은 여성 교육 운동을 한 것이라고 주장했다. 그러나 순순히 그 말에 동의할 일본 경찰이 아니었다. 김마리아 열사는 3·1운동 때보다 더 고통스럽고 치욕스런 고문을 당했다. 인두로 한쪽 가슴을 지져 한쪽 가슴이 없어지는 고통을 당한 것이다. 모진 성고문을 받으면서도 그녀는 독립에 대한 뜻을 굽히지 않았다. 이런 김마리아 열사를 심문한 일본 검사는 이렇게 말했다.

"너는 영웅이다. 너보다도 너를 낳은 네 어머니가 더 영웅이다."

일본은 대한민국 애국부인회 사건을 김마리아 사건으로 부를 만큼 그녀를 굴복시키려 하였으나 그녀는 병을 얻어 거의 죽음 직전에 이르렀음에도 끝내 굴복하지 않았다. 이 사실을 알게 된 스코필드 박사와 선교사들은 그녀의 병보석을 거듭 요구하였고 1920년 5월 22일, 일제는 외신에 부담을 느껴 병보석을 허락했다. 병보석 후 김마리아 열사는 당시 최고 의료진이 있던 세브란스병원에서 두 차례의 수술을 받았음에도 고문의 상처가 깊어 몸을 가누기가 어려웠다. 그러나 병원 또한 일본의 감시가 심했기에 김마리아 열사는 자유로울 수 없어 일본 경찰의 감시를 따돌리며 아픈 몸을 이끌고 성북동 안가로 돌아왔다. 그리고 그녀는 상처가 아물기도 전에 상해로 향했다. 기모노를 입고 조선에 들어와 이제는 중국 옷을 입고 상해 임시정부로 떠난 것이다.

첫 여성 임시의정원, 미국 유학길에 오르다

1921년 8월 상해에 도착했으나 그녀는 여전히 몸을 추스르기 어려운 형편이었다. 건강을 찾고 모두가 다시 돌아오길 바라는 마음이 전해졌을까? 다행히 12월에 기력을 회복해 임시정부 활동에 참여하게 된다. 그녀는 현재 국회의원이라 할 수 있는 임시의정원 황해도 대의원으로 김구와 함께 선출됐다. 지금으로 보면 첫 여성 국회의원으로 뽑힌 것이다. 백범 김구와 함께 대표가 되었으니 실로 그녀의 존재감이 얼마나 대단했는지 알 수 있는 장면이다. 그러나 임시정부는 일제의 탄압과 독립운동 방향을 둘러싼 내부적인 갈등으로 어려움을 겪고 있었다. 그런 때에 1923년 국내외 각지의 독립운동단체 대표들이 모인 국민대표회의가 개최되었는데 김마리아 열사는 대한민국 애국부인회 대표 자격으로 참여하였다. 1923년 1월 31일 그녀는 개막 연설에서 '임시정부를 중심으로 뭉칠 것'을 강하게 호소하지만 회의는 오히려 흩어지는 방향으로 흘러갔다. 실력양성론, 독립전쟁론, 외교론 등 다양한 노선의 다툼과 임시정부의 조직과 권한을 놓고 의견을 좁히지 못한 채 분열되어 많은 이들이 각자의 근거지로 떠나 임시정부의 위상은 크게 약화되었다.

김마리아 열사는 임시정부와 독립운동의 노선 싸움에 실망하고 미국으로 건너가 공부를 이어갔다. 오랫동안 알고 지낸 안창호 선생과 부인 이혜련 여사의 도움으로 파크대학과 시카고대학에서 사회학을 전공하며 학부과정과 석사과정까지 마쳤다. 그러나 그녀는 한시도 독립에 대한 열망을 놓은 적이 없었다. 뉴욕에서 유학 중인 황애덕, 박인덕 등과 함께 1928년 여성 독립운동단체인 근화회를 조직했고 학업을 이어가면서도 미주지역 한인 사회에 강연을 열어 독립운동의 의식을 함께 키워갔다. 석사과정을 마친 후 1930년 뉴욕에서 신학교육까지 받으며 독립정신을 더욱 높였다. 안창호는 김마리아 열사의 삶을 보며 이런 말을 남겼다.

"김마리아 같은 여성 독립운동가 10명만 있었더라면 대한민국은 이미 독립이 됐을 것이다."

원산에서 학생들을 가르치다

김마리아 열사는 1932년 7월 41세의 나이로 한국에 돌아왔다. 우리나라 언론은 물론 일본 기자들까지 그녀의 귀국 소식에 몰려들었고 취재 열기가 높았다. 많은 기자들이 그녀의 결혼 여부에 관심을 보이며 질문하였다. 그만큼 흠모의 대상이자 궁금해 하던 소식이었기 때문이었다. 그러나 그녀는 안창호의 중매까지 거부하며 평생을 혼자 살았다. 그녀의 수양딸인 배학복 여사는 일본 형사들에게 인두로 가슴을 지지는 고문을 당하고 한쪽 가슴만 남은 상한 몸으로 결혼하지 않으셨다며 묻는 이들에게 어머니는 "나는 대한의 독립과 결혼했다"라는 말씀을 남겼다고 전했다. 김마리아 열사는 인천을 떠나 상해와 미국을 거쳐 13년간의 오랜 망명 생활을 마치고 조국으로 돌아왔다. 하지만 기모노를 입고 부산항에 들어와 활발하게 전국을 다니던 그녀의 모습을 더는 볼 수 없었다. 몸도 많이 상했거니와 조선총독부의 감시와 핍박으로 서울에는 거주할 수 없었고 원산에 머무르며 마르타윌슨신학교에서 신학 강의만 할 수 있도록 허용되었기 때문이었다. 거주이전의 자유나 강의 과목의 자유도 없었다. 그런 제한에도 그녀는 귀국 후 제7대 부터 10대까지 대한예수교장로회 여전도회 전국연합회 회장을 연이어 역임하며 본인이 조금이라도 힘이 되는 역할을 하려고 최선을 다했다.

그러나 식민지 조국의 현실은 더욱 어두워져 갔다. 일본은 1937년 중일전쟁을 일으켜 전선을 넓혔고 조선의 청년들은 징집되어 끌려갔다. 더욱 가슴 아픈 사실은 함께 독립운동을 펼쳤던 많은 지식인들이 일제에 타협하며 변절했다는 점이다. 급기야 1938년 조선예수교장로회 총회가 신사참배는 우상숭배가 아니라며 신사참배를 결의하자 그녀는 이 결정에 단호히 거부하며 끝까지 신사참배를 반대했다. 그녀가 학생과 교사로 다녔던 정신여학교, 광주 수피아여학교 등도 신사참배를 반대하며 학교 문을 닫는 결정을 내린다. 한국독립운동의 산 증인으로 평생을 앞서 싸워 온 그녀였기에 더 버텨주며 한국 여성지도자로서 독립운동을 이끌어주길 바랬지만 오랜 고문 후유증과 지병으로 1943년 12월 다시 몸져누웠다. 일제는 누구도 면회를 허가하지 않고 수양딸만이 어머니의 병간호를 할 수 있도록 허락했다. 그렇게 삶을 이어가던 그녀는 1944년 3월 13일 53세의 나이로 세상을 떠났다. 평생 소망하며 꿈꾸던 독립을 불과 1년 5개월 앞두고 눈을 감은 것이다. 그녀가 남긴 유품은 입고 있었던 저고리와 은수저 세트가 전부였다. 그녀가 살아온 길은 식민지 시절 여성으로서의 자각, 교육을 통한 변화, 독립을 위한 헌신을 보여준 불꽃같은 삶이었다고 말할 수 있을 것이다. 그렇게 자신을 태워 식민지 조국을 비추었고 마지막 순간까지 빛을 발하며 산화散華했다. 그녀가 미국 동포들에게 보낸 편지에는 그녀의 짧은 소원이 담겨 있다.

"생이 다하는 날까지 나에게 맡겨진 의무를 다하는 것이 내 소원입니다."

정신여학교 세브란스관 내부를 들어가 보았다. 지금은 교실도 학생들도 더는 볼 수 없었지만 그 옛날 이곳에서 민족독립의 열망을 갖고 힘써 배우며 토론하고 논의했을 역사적인 순간들을 상상하며 아쉬운 마음을 달랬다. 그리고 선교사의 집을 찾았다. 3·1운동 당시 주도자로 체포되고 6개월 후 출옥하자 정신여학교 부교장 천미례 선생의 배려로 2층에 머무르며 몸을 추스른 곳이다. 선교사의 집에서 도보로 조금 걸으면 여전도회관에 마련된 역사관 관람이 가능하다. 오랫동안 여전도회장을 지낸 김마리아 열사의 삶과 정신이 잘 소개된 공간이다. 역사관을 나와 다시 정신여학교 교정을 찾았다. 김마리아 열사의 흉상 옆으로 수령 500년을 이어온 회화나무가 자리하고 있었다. 이 회화나무는 정신여학교 학생들이 일제의 감시를 피해 태극기와 한국사 교과서 등을 고목古木의 구멍에 숨겨 위기를 넘기도록 도와주기도 한 나무였다고 한다. 정신여고의 교목이기도 한 회화나무는 학생들의 독립운동을 도왔다하여 '독립운동나무'로 불리기도 한다. 동시대를 살아온 모든 이들은 세상을 떠났지만 서울시 보호수로 지정된 이 회화나무만은 그 자리를 지키며 오늘까지 이곳을 찾는 사람들에게 옛 이야기를 들려주는 것만 같았다.

　이제 우리들의 차례다! 독립운동가들은 일본 제국주의를 물리치는 것을 넘어 다음 세상을 꿈꿨다. 그들이 자신을 희생하면서도 다음 세대에게 물려줄 세상을 고민하고 준비하며 살아왔다는 사실을 결코 잊어서는 안 된다. 그리고 그 역사의 경주를 이어갈 바통은 우리에게 넘겨져 있다. 부모로서 학생으로서 무엇을 가르치고 무엇을 배우며 어떤 세상을 위해 살아갈지 김마리아 길을 걸으며 찾아보길 추천한다. 강남으로 옮긴 지금의 정신여자고등학교에 마련된 김마리아기념관을 둘러보고 그녀가 남긴 소박했던 유품 저고리 한 점, 은수저 하나에서 정신貞信의 정신精神을 새겨볼 수 있다면 더욱 의미 있는 여정이 될 것이다.

"너희 할대로 다 해라.
그러나 내 속에 품은 내 민족 내 나라
사랑하는 이 생명만은 못 빼내리라."

❶ 순국열사 김마리아 동상

❷ 정신여학교 세브란스관

❸ 연동교회

❹ 서대문형무소 여옥사

❺ 마르타윌슨여자신학원 재직시(앞줄 맨왼쪽)

❻ 여전도회 전국연합회 10회 총회(여전도회관 제공)

❼ 정신여자고등학교

함께 걷는 독립운동의 길

연동교회 ─── 옛 정신여학교 본관 ─── 회화나무 · 김마리아 열사 흉상 ─── 선교사의 집 ─── 여전도회관역사관 ─── 정신여자고등학교 김마리아 기념관

김마리아 길

불굴의 항일 독립운동가로 불리는 김마리아 열사의 행적이 남은 곳에 김마리아길이 만들어졌다. 독립운동지사를 배출한 연동교회와 여성근대교육기관으로 출발한 정신여학교, 그 역사와 함께한 회화나무와 김마리아의 동상도 세워져 있다. 출옥 후 잠시 머물렀던 선교사의 집과 김마리아 선생의 이야기가 잘 전시된 여전도회관까지 이어지는 코스다.

정신여자고등학교 김마리아 기념관

정동에서 시작된 장로교단의 여성근대교육기관으로 연지동으로 자리를 옮겨 연동여학교로 불렸다. 현재 정신여자고등학교는 강남으로 이전하였고 교정에는 김마리아 선생의 흉상이 세워졌고 기념관에는 선생의 소박했던 삶을 나타내는 유품인 저고리와 은수저 하나가 전시되어 있다.

그녀가 독립선언서를 가지고 들어 온 2월은 우리네 졸업시즌이다. 그녀의 졸업앨범 사진은 있지만 식민지배로부터 끝맺음을 진심으로 축하드리고, 조국을 위해 미련 없이 청춘을 내어주신 것에 감사한 마음을 담아 졸업 꽃다발을 드리고 싶었다. Hexter

음험하고 교활함. 항상 각 처를 배회하고 생업에 열중하지 않음. 자산
은 없고 생활이 빈곤함.

일본 경찰 조서에 이같이 작성된 이의 본명은 이원록, 주로 이활李活
이라는 이름으로 활동한 독립운동가 저항시인 이육사1904~1944이다. 이
육사 선생의 묘소와 그를 기념하는 문학관은 고향인 경상북도 안동시 도
산면에 세워져있다. 그러나 선생이 신문물을 익히고 독립에 대한 의지와
행동을 시작한 곳은 대구이다. 대구는 이육사 선생이 16세 때인 1920년
부터 서울로 이사하는 1937년까지 젊은 시절을 보낸 곳으로 그가 일본과
중국으로 유학을 떠날 때 적을 둔 곳도 대구였고 사회활동과 신문기자 생
활을 통해 독립운동의 첫걸음을 뗀 장소도 대구였다. 이육사 선생의 시詩
와 독립운동의 길을 걷게 된 대구에서 그의 삶과 시를 다시금 돌아본다.

대구 264작은 문학관을 찾다

이육사 선생의 흔적을 찾는 대구탐방의 시작은 대구역 인근 북성로에서 시작한다. 북성로에는 일제강점기 번화가였던 만큼 당시 가옥이나 오래된 건물들이 지금도 제법 남아있다. 옛 경상감영 옥사가 있었던 대안성당 뒤편에는 '264작은 문학관'이 세워졌다. 경북대학교 박현수 교수가 시인 이육사 선생을 연구하며 그의 활동무대였던 대구에 사비私備를 털어 2016년 개인 문학관을 열었다. 옛 가옥을 수리 복원하여 시인이 남긴 글과 삶을 소개하는 전시 공간으로 만든 것이다. 이곳에서 멀지 않은 북성로 서문로교회 인근에는 이육사 선생이 처음 대구에 내려와 묵었던 숙부 이세호의 집도 있었다.

시인의 필명筆名으로 알려진 이육사라는 이름은 감옥에서 받은 수인번호 '264'에서 유래되었는데 그 감옥이 대구형무소였다. 현재 '삼덕교회 60주년 기념관' 일대가 옛 대구형무소가 있던 곳이다. 아쉽게도 대구형무소대구교도소는 1971년 달성군 화원으로 옮겨지면서 당시의 건물이나 흔적은 모두 사라졌다. 다행인 것은 교회 기념관 1층 로비에 당시 대구형무소의 배치도와 육사의 모습, 그리고 264라는 수인번호가 적힌 조각이 새겨져 있어 그나마 당시 모습을 조금은 엿볼 수 있다. 서대문형무소 만큼이나 많은 독립운동가들이 수감되었던 대구형무소가 현재까지 남아 그 역사적 가치와 독립운동의 이야기를 다음 세대에게 전해주었더라면 어땠을까 하는 아쉬운 마음이 들었다.

퇴계의 후손 아버지, 의병장 딸인 어머니

이육사 선생은 1904년 경북 안동시 도산면 원천리에서 태어났다. 아버지 이가호는 퇴계 이황의 13대손이고 어머니 허길은 13도 창의군을 이끈 왕산 허위 선생과 같은 집안 의병장의 딸이었다. 이런 배경이 알려주듯 퇴계의 가르침이 남아있는 안동은 전국에서 가장 많은 독립운동가를 배출하였다. 퇴계의 가르침과 독립운동이 무슨 연관이 있는 것일까? 깊은 연관성을 증명할 순 없지만 퇴계의 사상인 주리론主理論은 '옳다고 여기는 것理'을 행동으로 옮기는 삶의 자세와 의지를 강조한다. 이러한 정신이 안동의 유림儒林들에게 이어졌고 항일투쟁의 모습으로 계승되지 않았을까 생각된다. 그래서 이육사 선생이 남긴 시와 글에는 단정한 형식과 강인한 문장이 느껴진다.

수인번호 264 필명을 얻다

배움의 길에서 나아갈 길을 찾다

숙부의 집이 위치한 서문로 교회 일대 북성로는 일제강점기 대구 최대의 번화가였다. 이육사 선생은 교남학교대륜고등학교에서 근대교육을 배웠고 안일양과 혼인했다. 대구에서 유명한 서화가였던 서병오에게 그림을 배우기도 했고 대구 유지들의 도움으로 일본 유학길에 올랐다. 그런데 일본 유학 생활은 이육사 선생의 인생 방향에 중요한 전환점이 되었다.

1920년대 일본은 큰 사회적 변화를 맞고 있었다. 중국과 한국에서처럼 민족해방을 앞세운 사회주의 운동이 크게 일어났고 노동자 농민운동 등도 곳곳에서 일어났다. 이러한 때에 관동대지진1923이 일어나 엄청난 피해가 발생하자 일본 사회는 혼란에 빠져든다. 강경 정치인과 군부에서는 국민의 분노를 돌리기 위한 출구가 필요했고 그 화살을 조선인에게 돌렸다. 경찰을 동원해 "조선인이 폭동을 일으켰다."며 거짓 소문을 퍼뜨리는데 이는 조선인들과 자국 내 사회주의자들을 탄압하는 의도가 깔려있었다. 이육사 선생은 일본 군인과 경찰은 물론 시민들로 조직된 자경단自警團에게 조선인들이 무차별적으로 학살되고 방치되는 모습을 목격했다. 조선인이라는 이유만으로 수천 명이 목숨을 잃는 것을 보며 나라 없는 설움을 실감하고 조국 독립을 향한 뜻을 품는다.

장진홍 의사 조선은행 대구지점 폭파사건

이육사 선생은 건강상의 이유로 귀국한 후 사회 문제와 현실에 깊은 관심을 보인다. 달성達城 앞에 자리했던 조양회관朝陽會館, 광복회관을 드나들며 청년 계몽운동과 사회운동에 참여하였고 잠시 북경 중국대학 사회학과에서 공부하기도 하였다. 1927년 여름 귀국했으나 같은 해 10월 '장진홍 의사 조선은행 대구지점 폭파사건'에 연루되어 형 원기, 동생 원일과 함께 투옥되었다. 장진홍 의사는 경제 침탈의 상징과도 같았던 조선은행과 식산은행 등에 폭탄 의거를 준비하여 먼저 조선은행 대구지점하나은행 대구기업금융센터에 선물이라며 벌꿀 통에 폭탄을 넣어 전달하였다. 직원은 선물이라는 상자에 화약 냄새가 나는 것을 알고 얼른 건물 바깥으로 내어놓았으나 상자는 이내 폭발하였고 일본 경찰을 포함 6명이 중경상을 입고 은행 창문 70여 개와 주변 전선 등이 모두 끊어지는 큰 피해를 입었다. 당시 사건을 기록한 기사에는 폭탄의 파편이 대구역까지 날아갔다고 전한다.

일본 경찰은 크게 놀라 배달을 한 사환을 불러 조사하였으나 이미 장진홍 의사는 피신한 상태였고 아무 증거를 찾지 못했다. 그러자 경찰은 대구에 있는 독립운동과 관련해 의심 가는 인물을 모조리 잡아들여 고문을 가했고 거짓 진술을 받아냈다. 이육사 선생도 이 사건으로 붙잡혀 대구형무소에서 옥고를 치르는데 2년 뒤 장진홍 의사가 체포되면서 풀려날 수 있었다. 그때 감옥에서 받은 수인번호가 264번으로 알려져 있고 그 후로 그의 글 여러 곳에 264二六四, 李陸史라는 필명이 쓰이게 되었다.

펜과 글에서, 행동으로 옮긴 삶

이육사 선생은 출소한 이듬해부터 본격적으로 글을 쓰며 기자 활동을 시작한다. 그는 1930년 2월 『중외일보』 대구지국 기자로 입사한다. 당시 식민지 현실에서 신문은 지식인들이 자기 생각과 의견을 표현하는 중요한 통로였다. 선생은 자신의 첫 시 「말馬」을 『조선일보』에 발표했다. '먼 길에 지친 말, 채찍에 지친 말'이라는 표현으로 식민지 현실에 지친 우리 민족을 대변하듯 글을 쓰면서도 '새해에는 소리칠 말'이라는 희망적 메시지를 담으며 마지막 행을 매듭지었다.

1931년에는 '대구격문사건'에 연루되어 또 한 번 옥고를 치렀다. 1월 러시아 공산주의 혁명가 레닌의 탄생일에 맞춰 일본을 반대하는 내용의 전단이 전봇대에 붙고 시내에 뿌려지는 사건이 발생한다. 1929년 광주학생항일운동으로 동맹휴학의 분위기가 커져 1930년 대구 농림학교, 대구고등보통학교가 연이어 동맹휴교에 들어가자 일본 경찰은 배후지도자로 이육사 선생과 동생 원일을 지목했고 두 형제는 다시 체포되었다.

출옥 후 몸을 추스른 이육사 선생은 1931년 8월『조선일보』대구지국으로 자리를 옮긴다. 그가『조선일보』에 처음 쓴 기사는 "대구의 자랑 약령시藥令市의 유래"이다. 이때 그는 자신의 이름을 '육사생肉瀉生'으로 썼는데 육肉은 고기를, 사瀉는 설사를 뜻하는 한자어다. 이렇게 쓴 이유는 뭘까? 고기를 먹고 설사를 한다는 말은 아무리 좋은 것을 먹어도 지금의 현실은 이로운 것이 없다는 조롱 섞인 비판을 하고 싶었던 것이다.

『조선일보』에서 여러 편의 글을 쓰며 기자 생활을 하던 그는 1932년 신문사를 그만두고 돌연 중국 남경으로 떠난다. 남경에 세워진 조선혁명군사정치간부학교에 입학하기 위해서이다. 조선혁명군사정치간부학교는 어떤 곳이며 육사는 어떻게 그곳을 찾아가게 되었을까? 그 실마리는 밀양 출신의 독립운동가 윤세주를 알아야 풀 수 있다.

석정 윤세주를 만나다

석정石正 윤세주1901-1942는 경남 밀양 출신 독립운동가로 약산 김원봉과 어릴 적부터 같은 마을에서 함께 배우며 자란 친구였다. 동화학교 전홍표에게 교육받으며 민족의식과 항일의식을 키운 석정은 보통학교 시절 일왕의 생일에 받은 일상기를 화장실에 던져버렸고 서울에서 3·1운동이 일어나자 고향에 내려와 만세운동을 계획해 주도하였다. 밀양장터에서 3·13 만세운동을 주도하는데 그때 그의 나이 18세였다. 전국적인 3·1만세운동 후 김원봉과 함께 중국으로 건너가 의열단義烈團을 창립하고 창단 직후 본인은 국내로 잠입해 1차 암살 파괴 작전을 벌였으나 실패하고 투옥되었다. 1927년 출옥 후 『중외일보』 대구지국에서 활동하는데 그 무렵 같은 곳에서 기자로 활동하던 이육사를 만나 가까워진다. 이육사 선생은 석정의 사상과 삶에 깊은 감동을 받는다. 그래서 석정의 독립에 대한 굳은 의지, 의열 활동과 투쟁의 삶은 이육사 선생에게 펜과 글을 넘어 행동하는 독립운동으로 이끌어 갔다.

　　김원봉과 의열단은 1920년대 의열 활동의 한계를 느끼며 본격적인 항일전쟁을 위한 군대양성에 들어간다. 1930년대 공동의 적이 된 일본에 맞서기 위해 중국 정부도 조선인들을 지원했고 김원봉은 의열단원을 중심으로 1932년 10월 20일 조선혁명군사정치간부학교를 열었다. 이때 국내에 머물던 석정이 합류하는데 그와 동행한 이가 이육사 선생 이었다. 김원봉은 이육사 선생을 비롯한 간부학교 학생들이 이곳을 졸업한 후 항일전쟁의 지휘관이 되어 일본은 물론 내부의 친일 세력들과 싸우길 원했다. 석정과 이육사 선생은 간부학교 1기생으로 군사학, 정치학, 사회학 등 이론과 함께 사격, 폭탄 제조법, 폭파 방법 등 군사 실기 기술도 배우고 반년 만에 졸업하였다. 석정은 2기생을 위한 훈련 리더로 남고 이육사 선생은 다시 국내로 잠입했다. 그러나 곧이어 그의 정치간부학교 출신 이력이 드러나 일제에 체포되었고 출옥 후에는 지인들이 있는 경주, 포항 인근에서 잠시 머물다 서울로 거주지를 옮겼다.

이육사 선생이 신학문을 배우기 위해 대구로 오지 않았더라면, 그리고 그가 일본으로 건너가 처참하게 죽어가는 우리 동포들을 목격하지 않았더라면, 그가 민족의 아픔과 고통을 느끼며 글을 쓰고 있을 때 석정을 만나지 못했더라면, 지금 우리가 배우는 저항시인 이육사 선생의 시와 삶은 아마 존재하지 않을지도 모른다.

이육사의 문학, 독립의 미래를 담다

청포도

내 고장 칠월은
청포도가 익어가는 시절

이 마을 전설이 주저리주저리 열리고
먼데 하늘이 꿈꾸며 알알이 들어와 박혀

하늘 밑 푸른 바다가 가슴을 열고
흰 돛단배가 곱게 밀려서 오면

내가 바라는 손님은 고달픈 몸으로
청포青袍를 입고 찾아 온다고 했으니,

내 그를 맞아, 이 포도를 따 먹으면

두 손은 함뿍 적셔도 좋으련

아이야, 우리 식탁엔 은 쟁반에

하이얀 모시 수건을 마련해 두렴

이육사 선생이 35세이던 1939년 그는 서울 성북구 종암동으로 이사를 한다. 그리고 그해 8월 그가 가장 아꼈다는 시 「청포도」를 발표한다. 그는 왜 이 시를 가장 좋아했을까? 내 고장에 대한 아름다운 향수, 아름다운 미래에 찾아올 손님을 손꼽아 기다리는 마음에서 자신이 처한 현실과는 너무도 다른 세상을 희망하고 있어서일까? 시에는 아직 오지 않은 손님이지만 그를 기다리는 희망과 기대가 가득 담긴 미래를 노래하고 있다. 그렇다면 시인이 그토록 기다리는 '손님'은 무엇을 뜻할까? 어떤 이는 기다리는 손님을 조국 독립으로 보기도 하고 또 어떤 이는 자신에게 큰 감명을 주고 정치간부학교에 함께 입학한 석정 윤세주라고도 한다.

절정

매운 계절의 채찍에 갈겨

마침내 북방으로 휩쓸려 오다

하늘도 그만 지쳐 끝난 고원

서릿발 칼날진 그 위에 서다

어디다 무릎을 꿇어야 하나
한 발 재겨 디딜 곳조차 없다

이러매 눈 감아 생각해 볼밖에
겨울은 강철로 된 무지갠가 보다

이육사 선생은 1940년 「절정」, 「교목」 등을 발표한다. 「절정」에서 매운 계절, 북방으로 휩쓸려 온다는 이야기는 시대의 암울함 속에 자신이 처한 현실의 무게를 상징한다. 정처 없이 갈 곳을 찾아 방황하면서도 눈 감아 생각하는 것은 '겨울은 강철로 된 무지개'라는 고백이다. '겨울'이라는 일제강점기 현실 속에 '강철'로 표현된 시련과 단련의 시기를 지나면 결국 '무지개'라는 희망의 독립이 찾아올 것이라는 의지를 담고 있는 표현이다.

1941년 이육사 선생의 부인 안일양은 딸 이옥비를 낳는다. 곧 이은 부친상과 이듬해 모친상 그리고 맏형 이원기의 죽음 등 가족사의 여러 변화를 한꺼번에 겪었다. 잠시 중국에 머물다 가족 장례로 귀국하였으나 곧 체포되어 북경으로 압송되었다. 그리고 일본영사관에 구금된 채 고문과 조사를 받던 중 1944년 1월 16일 새벽 5시 40세의 나이로 세상을 떠났다. 40세의 젊은 나이였지만, 17번째 옥살이 끝에 순국한 것이다. 친척이던 이병희 선생에 의해 장례가 치러지고 동생 이원창에게 유골이 인계

되어 서울 미아리 공동묘지에 안장되었다가 해방 후 고향 안동으로 옮겨졌다.

안동 이육사문학관에서 만난 이옥비 여사는 당시를 회상했다. 아버지가 잡혀갈 당시 만 세 살이었던 자신은 이웃 어른에게 맡겨졌으나 이웃 어른은 이번에 아버지를 떠나보내면 다시 못 보게 될 것 같다는 생각에 기차역으로 딸을 데리고 나갔고 아버지의 마지막 모습은 포승줄에 꽁꽁 묶여서 용수^{죄수의 얼굴을 보지 못하도록 머리에 씌우는 통 같은 기구를} 쓴 채 붙잡혀 가더라는 것이다.

264 작은문학관, 다시 문을 열다

> 나는 이 가을에도 아예 유언을 쓰려고는 하지 않소. 다만 나에게는 행동의 연속만이 있을 따름이오.
>
> -「계절의 오행」(1938.12)

이육사 선생은 자신이 쓴 수필에서 밝힌 것처럼 유언을 남기지 않았다. 그에게는 독립을 향한 행동만이 계속되었고 그로 인한 잦은 투옥만이 뒤따랐다. 한 평론가는 이육사 선생의 시를 '한발 더 나아가지 못하는 현실에서 한 걸음 떼게 하는 채찍과도 같은 저항이자 부끄러움의 표현'이라고 말하기도 하였다. 그래서일까? 그의 시집은 생전에 발행되지 못했고 문학평론가인 동생 이원조에 의해 1946년 『육사시집』으로 발간되어 세상에 알려졌다. 이육사 선생의 유고가 된 작품 「광야」에서는 현재의 시련

을 '가난한 노래의 씨'라는 희망의 노래로 다시 한번 목 놓아 외칠 민족의
밝은 미래를 소원하고 있다.

광야

까마득한 날에

하늘이 처음 열리고

어데 닭 우는 소리 들렸으랴

모든 산맥山脈들이

바다를 연모戀慕해 휘달릴 때도

차마 이곳을 범犯하던 못하였으리라

끊임없는 광음光陰을

부지런한 계절季節이 피어선 지고

큰 강江물이 비로소 길을 열었다

지금 눈 내리고

매화향기梅花香氣 홀로 아득하니

내 여기 가난한 노래의 씨를 뿌려라

다시 천고千古의 뒤에

백마白馬 타고 오는 초인超人이 있어

이 광야曠野에서 목 놓아 부르게 하리라

　　이육사 선생의 시와 행적을 담은 '264작은 문학관'은 2019년 3월 운영상의 어려움으로 문을 닫아 다른 장소로 활용되기도 했으나 2021년 다시 문을 열게 되었다. 북성로에 남겨진 적산가옥들과 옛 근대 건축물들이 하나둘 사라져가는 때에 다시 문학관이 문을 연다는 소식을 들어 반가웠다. 남산동 이육사 선생의 옛 집터는 시민들의 반대에도 결국 개발이라는 이름 앞에 사라졌고 최근에는 대구역 인근으로 고층 아파트 공사가 시작되어 북성로의 옛 거리는 이제 그 모습을 많이 잃어버렸다.

　　대구는 독립운동가이자 저항 시인인 이육사 선생을 비롯해 「빼앗긴 들에도 봄은 오는가」의 이상화 선생과 그의 형 이상정 장군, 국채보상운동을 시작한 서상돈 선생 등의 고택이 보존되어 골목 투어 길에 자리하고 있다. 최근 대구 삼덕교회 자리에 대구형무소 터가 발굴되면서 당시의 모습을 알리는 전시물이 일부 마련되었다. 그리고 삼덕교회 내부에 이육사 기념관을 조성할 예정이라는 소식을 들었다. 시인 이육사를 비롯한 대구의 독립운동 이야기가 잘 정리된 공간이 마련되어 많은 이들이 육사의 정신을 되새기는 학습의 장이 되길 기대한다.

❶ 대구형무소 사적지

❷ 대구삼덕교회 이육사 전시관

❸ 이상화 시인 고택

❹ 이육사 선생의 수감증

❺ 북성로 264작은문학관

❻ 264작은문학관 내부 전시실

❼ 밀양 석정 윤세주 집터

함께 걷는 독립운동의 길

● 대구 264작은   ● 대구근대역사관   ● 삼덕교회 교육관   ● 망우당공원 조양회관
　문학관　　　　　　　　　　　　　　　　　　　　　　（옛 대구형무소 터）　　　（광복회관）

264작은문학관

이육사가 글을 쓰고 독립운동의 길을 걸어간 곳인 대구에 문을 연 264작은 문학관은 경북대학교 박현수 교수가 사비를 내어 근대골목 북성로에 개관한 문학관이다. 독립운동가이자 저항시인 이육사 선생의 문학세계와 독립운동에 관한 이야기를 볼 수 있는 소중한 공간이다.

삼덕교회 기념관(옛 대구형무소 터)

현재 삼덕교회 기념관 일대에 있었던 대구형무소는 서울 서대문형무소에 버금가는 규모와 많은 독립지사들이 고초를 겪었던 곳이었다. 이육사도 이곳에서 받은 수인번호 264를 자신의 필명으로 삼았다. 삼덕교회를 찾으면 대구형무소의 흔적과 이육사의 이야기가 간략히 적혀 있다.

망우당공원 조양회관(광복회관)

조양회관은 현재 대구 망우당공원에 위치한 광복회관 건물로 달성공원 앞에 세워졌던 것을 1984년 옮겨 오늘에 이르고 있다. 이육사도 이곳에서 활동하며 조국의 자주적인 독립의식을 고취하기 시작했다.

「광야」를 읽었을 때 늘 생각났던 심상은 햇빛이 환히 비취는 대낮이 아닌 새벽녘 동 터올 때 모습이었다. 어둠을 깨치고 백마 타고 나아오는 초인은 마치 영화 속 마지막 때에 등장하는 구원자의 느낌이었다. Hexter

독립을 넘은 자립의 길

**독립의 정신을
교육, 경제, 민주, 통일의 정신으로 이어간 독립운동가**

해방 후 친일파 문제, 극심한 좌우 갈등 속에서도 독립의 정신을 사회 속에 꽃 피우며 더 빛을 발한 이들이 있었다. 독립의 정신이 교육과 정치 현장에서 열매 맺고 경제적 자립과 통일운동으로 이어져야 한다고 생각한 이들이었다. 일본의 만행을 세계 언론에 폭로한 이방인 교수는 '약자에게는 비둘기처럼, 강자에게는 호랑이처럼'이라는 별명을 남기며 해방 후 다시 한국을 찾아 가난한 이들을 돕고 독재 권력에 맞서기도 했다. 땅을 담보로 독립운동 자금을 마련했던 부자는 해방 후 남은 땅을 다 팔아 그 돈으로 인재양성을 위한 대학교를 설립했다. 독립운동의 정신을 기업가의 정신으로 이어간 기업가는 기업이 사회 속에 어떤 역할을 해야 하는지 모범적 선례를 남겼다. 광주에서 항일운동을 이끌던 여학생은 여성들을 위한 삶에 평생을 바치다 한국 현대사의 비극인 광주 5·18민주화운동을 끌어안으며 광주의 어머니가 되었다. 일제강점기 독립을 넘어 해방 공간에서 온전한 자립을 위해 원칙과 가치를 지키며 살아갔던 그들의 길을 우리도 이어가길 기대한다.

WITNESS

3·1운동 100주년을 지나면서 독립운동가들의 이야기와 민족대표 33인의 이야기, 그리고 전국 각지에서 일어난 만세운동 등이 대중에게 조금은 더 알려지는 계기가 된 것 같다. 그렇다면 독립운동을 강경하게 진압했던 일본의 만행과 3·1운동의 다양한 이야기들은 어떻게 기록되고 전해지게 되었을까? 세상에 알리기 위해 또 미래의 후손들에게 알리기 위해 누군가 위험을 무릅쓰고 여러 방식으로 남겨 놓은 글과 자료들이 있었기에 오늘 우리는 생생한 사진이나 당시의 이야기를 알 수 있는 것이다.

화성 제암리, 3·1운동 순국기념관

식민지 당시 자유로울 수 없던 조선인들을 도우며 기억의 눈이 되고 귀가 된 사람들, 발이 되어 다니고 손이 되어 기록한 이방인들이 있었다.

그 이방인 중에 만세운동의 현장과 참혹한 아픔의 현장을 한눈에 보도록 사진을 남긴 이도 있었는데 그가 34번째 민족대표라 불리는 프랭크 스코필드Frank William Schofield, 1889~1970 박사였다.

교과서에 자주 등장하는 3·1운동 피해와 관련된 사진이 있다. 제암리 학살에 관한 사진이다. 경기 화성시 향남읍 제암리에 세워진 순국유적지를 찾아 당시 일제의 만행을 국제사회에 알리고 폭로한 이방인 독립운동가 스코필드 박사를 만나보자. 스코필드 박사가 촬영한 사진에 담긴 제암리를 찾았다. '3·1운동 순국기념관'이라 적힌 안내판과 함께 넓은 터 곳곳에 세워진 비석과 기념관이 보였다. 작고 평범한 마을에 그토록 끔찍한 학살이 일어난 이유는 무엇일까? 그리고 서울의 세브란스병원 의사이자 교수였던 스코필드 박사는 어떻게 이곳의 참상을 사진으로 담게 되었을까? 기념관 내부로 들어가 스코필드 박사와 3·1운동의 이야기를 먼저 살펴보자.

애비슨 박사, 스코필드를 초청하다

스코필드 박사는 1889년 영국에서 태어났다. 어려운 가정 형편 속에 유년 시절을 보내고 19세의 나이에 홀로 캐나다로 이민을 떠났다. 캐나다에 도착해 학비를 벌어가며 공부 했고 원하던 토론토대학 수의과대학에 입학했다. 그러나 무리한 탓일까? 스코필드 박사는 21세의 나이에 소아마비에 걸려 불편한 몸이 되었다. 하지만 소아마비도 그의 강인한 의지와 삶을 멈추게 할 수 없었다. 학업을 마치고 토론토대학에서 박사학위를 받아 모교에서 세균학 강의를 하던 중 존경하던 올리버 애비슨Oliver R. Avison 박사로부터 편지 한 통을 받는다. 그는 한국 선교사로 먼저 방한해 의사로 활동하던 중 스코필드 박사를 초빙한 것이다.

애비슨 박사는 갑신정변 이후 설립된 광혜원제중원을 오늘날 세브란스병원으로 발전시킨 인물이었다. 평소 애비슨 박사를 존경하던 스코필드 박사는 1916년 한국을 찾아 세브란스병원에서 세균학 강의를 하며 한국인 의사 양성을 위해 노력하였다. 한글 어학 선생이었던 목원홍 선생으로부터 한국어를 열심히 배워 1년 만에 '선교사 자격 획득 한국어 시험'에 합격했고 한국어로 강의를 진행할 정도로 한국어 실력을 갖추었다. 학생들에게 국제 정세를 알려주고 젊은이들이 무엇을 하며 미래를 꿈꿀지 가르치는 등 한 과목의 서양인 교수를 넘어 우리 민족을 일깨우는 스승이 되어 주었다. 뿐만 아니라 한국 사람들에게 친근하도록 석호필石虎弼이란 한국식 이름도 지었다. 석石은 돌처럼 굳은 자신의 의지를, 호虎는 호랑이처럼 강인함을, 필弼은 돕는다는 뜻으로 식민지 조선인을 돕겠다는 의지를 담은 것이다. 그는 영국에서 힘겹게 노동에 시달리던 사람들을 많이 봐왔고 본인 또한 캐나다로 이주해 어렵게 학업을 마친 경험이 있기에 어려운 이들을 돕는 사회활동에 많은 관심을 보였다. 일제강점기 대부분의 독립운동가들이 해외에서 활동한 것과 달리 국내에서 청년들과 함께하며 조선인들의 의식을 높이고 사회운동을 주도한 YMCA의 월남 이상재 선생을 존경했다.

3·1운동을 도운 34번째 민족대표

1919년 교수로서 학생들은 물론 다양한 사회 운동에 관심이 많던 그를 세브란스병원에 근무하던 이갑성이 찾아왔다. 이갑성은 대구 동산의료원에 머물다 서울로 올라와 세브란스병원 약제실에 근무하고 있었다. 민족대표 33인 중 영남지방 대표이기도 했던 이갑성은 그에게 서양의 여러 기사와 글을 번역해 알려 달라고 부탁했다. 또한 조선의 상황을 외신과 국제 사회에 알려주길 요청하며 독립선언서 사본을 미국 백악관에 전해달라고 부탁하였다. 그리고 3·1운동 당일 아침 다시 찾아와 탑골공원에서 진행될 예정인 만세운동의 사진을 찍어 달라고 요청하였다. 스코필드 박사는 한쪽 팔과 다리가 불편한 소아마비의 몸이었지만 흔쾌히 승낙하고 당일 오후 카메라를 들고 현장을 찾았다. 탑골공원 만세운동 장면을 찍으러 일본인 상점 2층에 올라 사진을 찍다 낯선 사람으로 오해받기도 했고 불편한 몸으로 사진을 잘 담기 위해 일본의 눈을 피해 여기저기 높은 곳에 올라가 만세운동의 현장을 담으려고 애쓰기도 했다. 당시 한국을 찾은 선교사들은 대부분 정교분리政敎分離 원칙을 내세워 독립운동을 직접적으로 돕지 않았다. 스코필드 박사 또한 굳이 나서지 않아도 되는 상황이었고 불편한 몸이었지만 조선인들의 만세운동을 알리기 위해 현장을 카메라에 담았다.

3·1만세운동은 전국적으로 퍼져나갔다. 각 도시의 지도자들과 학교의 학생과 교사들이 주축이 되어 독립선언서를 낭독하고 만세운동을 펼쳤다. 군산에서는 3월 5일, 대구에서는 3월 8일, 부산에서는 3월 11일 등

전국 각지에서 만세운동이 불꽃처럼 번져나갔다. 화성에서는 유학자 이정근, 천도교 지도자 백낙렬, 기독교 목회자 김교철 등 종교 단체들이 연합해 만세운동을 준비하고 함께 이끌었으며 3월 31일 발안 장터에서 이정근이 '대한독립만세'를 외치며 만세운동은 시작되었다. 하지만 일제는 무자비한 탄압으로 막아섰다. 지도자 중의 한 사람이었던 이정근과 가족들이 현장에서 죽고 많은 이들이 붙잡혀 투옥되었다. 가혹한 탄압에 만세운동은 점차 폭력적으로 과격해졌고 군중들은 일본인 집과 학교를 불태우고 일본인 사업가를 공격하기도 했다. 일본은 이러한 저항을 철저히 응징하고 보복하기 위해 집단 학살을 계획한다. 그렇게 따뜻하지 못한 4월의 봄이 시작되었다.

제암리 학살, 세계에 알리다

1919년 4월 5일 새벽 일본은 수촌리를 급습해 마을과 교회에 불을 질렀다. 수촌리 마을의 42호 가구 중에 38호가 불태워졌다. 4월 13일 일본 육군 보병 79연대 아리타 도시오有田俊夫는 토벌보다는 치안유지를 목적으로 부임해 왔으나 발안 장터 만세운동의 주도자 중 제암리 사람들이 체포되지 않은 것에 불안해하며 그들을 토벌하려는 계획을 세운다. 제암리는 천도교와 기독교의 교세가 강해 민족정신과 더불어 신문화에 대한 수용이 활발히 일어나 의식 수준이 높은 마을이었기 때문이다. 일본군들이 제암리에 들어와 주민들을 학살한 이야기는 스코필드 박사의 보고서 「제암리 대학살」에 상세히 기록되어 있다.

4월 15일 화요일 이른 오후, 일본 군인들이 마을에 들어와 성인 남성 기독교인과 천도교인에게 전달할 말이 있으니 모두 교회에 모이라고 명령했다. 교회에 모인 23명 가량의 남자들은 무슨 일이 벌어질지 걱정하면서 명령에 따라 바닥에 앉았다. 잠시 후 군인들이 교회를 둘러싸고 종이 창문 너머로 총격을 가하기 시작했고 그때서야 청년들은 명령의 진의를 알게 되었다. 그들 대부분이 죽거나 다쳤는데도 악마 같은 군인들은 불에 잘 타는 초가지붕과 목조 건물에 불을 질렀다. 몇 사람이 뛰쳐나와 도망쳤지만 그들은 곧바로 총검에 찔리거나 총에 맞았다. 탈출 시도가 수포로 돌아간 6명 사체가 교회 밖에서 발견되었다. 교회에 불려간 남편을 찾아 두 명의 부인이 군인들의 포위를 뚫고 교회로 가려했지만 모두 잔인하게 살해당했다. 19세의 젊은 부인은 총검에 찔려 죽었고 40대의 여성은 총에 맞았다. 두 사람 모두 기독교인이었다. 그 후 군인들은 마을에 불을 지르고 떠났다. 이것이 제암리에서 벌어진 피의 대학살 사건의 간략한 기록이다.

일제의 만행 소식은 곧 서울에 알려졌고 먼저 4월 16일 한국 특파원 기자였던 테일러Albert Wilder Taylor와 선교사 언더우드Horace Horton Underwood, 원한경가 제암리에 도착했다. 스코필드 박사는 일제의 만행 소식을 듣고 4월 18일 수원으로 향했다. 자전거를 기차에 싣고 수원역에 내린 후 일본 경찰의 감시를 피해 먼 길을 돌아 제암리를 찾았다. 그는 제암리에 막 들어섰을 때를 이렇게 기록하고 있다.

논을 따라가다가 모서리를 돌자 잊을 수 없는 광경이 눈에 들어왔다.

마을은 불타 있었고 몇 군데에서는 아직도 연기가 나고 있었다.

화성지역 3·1운동은 일본 헌병 자료 기준으로 사망 46명, 부상 23명, 방화 가옥 345채, 검거 379명 등 큰 희생을 남겼다. 스코필드 박사는 제암리와 인근 수촌리, 고주리까지 찾아가 일제의 잔혹한 학살 현장을 사진에 담고 시신을 수습해 주었다. 서울로 돌아온 그는 「제암리 학살 보고서」와 「수촌 만행보고서」 등을 작성해 해외에 일제의 잔인함을 알렸다. 제암리를 다녀오던 기차 안에서 그는 우연히 이완용을 만났다고 한다. 이완용은 의사이면서 기독교인이었던 스코필드 박사에게 "어떻게 하면 기독교 신자가 될 수 있소?"라고 물었는데 스코필드 박사는 "당신은 먼저 이천만 동포 앞에서 진심으로 사죄해야 한다."라며 목소리를 높였다고 한다. 호랑이 같은 스코필드 박사의 모습이 드러나는 장면이다.

조선의 독립을 호소하다 추방되다

스코필드 박사는 3·1운동으로 감옥에 잡혀 들어간 독립운동가를 돕는 일에도 앞장섰다. 1919년 당시 전국적인 3·1운동의 기세가 아직 식지 않았기에 서대문형무소 면회는 쉽지 않았다. 그러나 스코필드 박사는 외국인 선교사이자 의사인 점을 활용해 서대문형무소 출입을 허락받았다. 일본이 교도소에서의 악행을 감추고 '서대문 직업학교' 등의 이름으로 형무소를 포장하고 좋은 시설인 것처럼 기사를 낸 것에 분노하며 신문에 서대문형무소의 실상을 공개했다. 1919년 5월 서대문형무소 '여옥사 8호실'을 찾아 세브란스 간호사인 노순경을 만나고 유관순, 어윤희 등도 만났다. 그리고 직접 총독과 경무국장을 찾아 항의하며 당장 비인간적인 고문을 멈출 것을 요구하였다.

9월에는 동경에서 열린 극동지역 선교사 대회에 나가 3·1운동의 무자비한 진압과 악행을 폭로하고 비난하며 일본 수상과 관리들 앞에서도 조선의 자치와 독립을 호소하였다. 실로 '약자에게는 비둘기처럼, 강자에게는 호랑이처럼' 이라는 그의 신념을 행동으로 보여준 것이다. 12월 대한민국 애국부인회 사건으로 김마리아를 비롯한 간부 80여 명이 체포되는 일이 일어났다. 스코필드 박사는 직접 대구경찰서를 찾아 고문을 중단할 것을 요청하며 수감자들에게 몰래 고약을 넣어주기도 하였다. 그의 이러한 행동은 일본의 눈에 가시가 아닐 수 없었다. 독립운동을 돕는 그의 행동으로 일본은 감시원을 붙였고 세브란스 의학전문학교에 압력을 넣어 그와 학교가 맺은 계약을 종결하고 한국을 떠나게 할 것을 촉구하였다. 결국 그는 살해의 위협을 받았고 1920년 4월 학교와 재계약이 안 이루어졌다는 통보와 함께 한국을 떠나게 되었다. 캐나다로 돌아온 그는 학교에서 학생들을 가르치면서도 조선에 대한 염려와 격려를 잊지 않았고 한국인들을 사랑하는 마음을 담아 편지를 보내기도 하였다.

언젠가 조선 동포들을 만나기 위해 수입의 절반을 저축하고 있습니다. 독립에의 희망을 잃지 마십시오! 나는 '캐나다인'이라기보다 '조선인' 이라고 생각됩니다.

존경받는 학자, 한국에서 살다

캐나다로 돌아간 그는 온타리오주 궬프대학교에서 교수로 활동하였다. 캐나다에서 손꼽히는 수의학과가 있는 학교로 현재 이곳에는 스코필드 박사를 기념하는 공간이 따로 마련되어 있을 만큼 그를 존경하며 기억하고 있다. 그는 학자로서의 연구를 게을리 하지 않았고 가난하고 어려운 이들을 돕는 노력도 계속 이어갔다. 그러던 1945년 8월 일제의 패망과 한국의 독립 소식을 듣게 된다. 1958년 대한민국 정부는 '정부수립 10주년'에 맞추어 국빈으로 스코필드 박사를 초청했다. 3·1운동의 공로자 스코필드 박사의 환영식이 이화여고 노천강당에서 진행되었다. 개회사는 3·1운동 당시 도움을 요청했던 이갑성 선생이었다. 많은 이들의 환영과 선물에 그는 "대단히 고맙습니다"라는 유창한 한국말로 기쁘게 화답했다. 그리고 남은 생을 한국을 위해 한국에서 보내기로 결심한다. 서울대 수의학과에 교수로 활동하며 후학을 양성하고 보육 사업에도 힘썼다. 해마다 3·1운동 기념식에 참석해 당시를 회고하며 한국이 독립을 기반으로 민주주의 국가로 성장하길 희망했다. 당시 정부의 독재와 부패한 정치에 대한 비판도 서슴지 않았다. 그가 한국에 돌아와 제암리를 다시 찾은 것은 뜻깊은 시간이었다. 제암리의 희생자 유족들과 함께 이야기를 나누고 선물을 나눠주며 그들을 격려한 것이다. 유족들의 슬픔만큼은 아닐지라도 스코필드 박사의 사랑의 크기는 컸다. 아물지 않은 마음의 상처와 고통을 따뜻한 사랑으로 품어주었다.

기념관 내부를 관람하는 내내 마음이 무거웠다. 스코필드 박사에 대한 감사하는 마음도 있었지만 제암리 뿐 아니라 한국전쟁과 세계 곳곳에서 자행된 많은 보복과 학살 등을 보며 우리가 무엇 때문에 살아가고 왜 살아가는지, 학교에서 학생들에게 무엇을 가르쳐야 할지 고민되었기 때문이다. 기념관 끝자락 전시물에 이런 글이 적혀 있었다.

용서는 하되 잊지는 말자. 제암마을 3·1정신이 우리에게 주는 교훈이라는 제목으로 민족의 대화합과 통일을 이루는 것이 오늘을 사는 우리의 사명이다.

우리는 얼마나 화합을 이루어 가고 있을까? 우리는 얼마나 상처를 회복하고 통일한국에 가까이 가 있을까? 기념관을 나오며 입구에 세워진 오래된 기념비를 자세히 보았다. 태극기와 함께 '단기 4292년 이승만 박사 쓰시다'라는 글이 새겨져 있다. 작은 이 비석은 기념관 앞으로 옮겨 온 것이고 원래 있던 자리에는 좀 더 큰 규모의 '3·1운동 순국기념비'가 세워졌다. 그리고 그 옆으로는 한 젊은이가 사진기를 들고 바위 위에 앉아 있다. 뒤로는 그가 수원역에서부터 타고 온 자전거와 함께…. 화성시에서 스코필드 박사를 기억하고 기념하고자 그의 당시 사진을 토대로 표정 하나, 몸짓 하나 신경 써가며 제작한 동상을 '제암리 3·1운동 순국유적지'에 세운 것이다. 이곳을 천천히 돌아보며 마지막으로 향한 곳은 23인의 합동 묘지였다. 대한독립만세를 외치다 유언하나 남기지 못한 채 학살당한 23인의 묘 앞에서 나도 가슴이 참 먹먹했다.

국립현충원에 잠든 유일한 이방인 독립운동가

1970년 4월 12일 스코필드 박사는 그토록 사랑했던 대한민국 땅에서 마지막 생을 마감했다. 죽음을 앞둔 그가 남긴 유서에는 자신이 돌보던 아이들을 계속 보살펴주고 제2의 조국 한국에 묻히기를 희망한다는 내용이 적혀 있었다. 그는 3·1운동의 공로를 인정받아 서울 국립현충원 애국지사묘역에 안장되었다. 이는 외국인으로서는 유일한 사례다. 끝이 좋아야 모든 것이 좋다는 말이 있다. 사람의 생애도 젊은 시기보다 노년에 마지막을 어떻게 보냈는지가 그 인생 전체를 보여주기 마련이다. 민족대표 33인 중에도 변절한 이들이 있었고 당대의 지식인들과 지도자의 상당수도 일제의 통치에 타협해갔던 경우를 어렵지 않게 찾아볼 수 있다. 그에 반해 스코필드 박사는 외국인이지만 한국을 위해 처음과 끝을 한결같이 살아간 인물이었다. 그가 살아간 시대와 환경은 결코 안정적이지 않았음에도 그는 '약자들에게는 비둘기처럼, 강자들에게는 호랑이처럼' 살았다.

2003년 스코필드 박사를 기념하는 공간이 서울대 수의학과 내에 마련되었다. 캐나다에도 그를 기념하는 동상이 세워졌다. 온타리오주 토론토 동물원은 세계 10대 동물원으로 불릴 만큼 규모가 큰 공원으로 한국 정원이 별도로 마련되어 있다. 그리고 그곳엔 한국에서 생을 마친 스코필드 동상이 세워졌다. 주변 지인들과 제자들은 그가 뛰어난 능력과 많은 업적에도 자신의 과거를 자랑처럼 말하거나 학문적인 업적을 내세우지 않았다고 기억한다. 그런 그의 삶이었기에 그를 기억하는 사람들이 한국과 캐나다에 여전히 많이 남아있다. 한국에서는 스코필드 기념사업회가 설립되어 스코필드 박사에게 혜택을 받은 이들이 다음 세대들을 후원하며 또 다른 한 사람을 세워가는 노력을 이어가고 있다.

제암리를 찾아 스코필드 박사의 삶을 살펴보면서 한 인물의 수많은 '선택'들이 모여서 어떤 인생이 이루어졌는지 보게 되었다. 오늘 우리는 어떠한 '선택'을 하며 살아가고 있을까? 그리고 그 선택은 어떤 가치관의 영향으로 하게 된 것일까? 눈에 보이지 않는 가치관의 교육이 정말 중요함을 새삼 느끼는 요즘이다. 부모로서, 교사로서, 어른으로서 나는 어떠한지 돌아본다.

"언젠가 조선 동포들을 만나기 위해 수입의 절반을
저축하고 있습니다.
독립에의 희망을 잃지 마십시오!
나는 '캐나다인'이라기보다 '조선인'이라고 생각됩니다."

❶ 화성 제암리 순국유적지에 세워진 스코필드 동상
❷ 화성 제암리 3·1운동 순국기념비
❸ 화성 제암리 학살 현장(스코필드 촬영)
❹ 화성 제암리 순국유적지 23인의 합동묘
❺ 올리버 애비슨 박사
❻ 서대문형무소 역사전시관
❼ 스코필드박사 환영식(1958)

함께 걷는 독립운동의 길

제암리 3·1운동
순국유적지
스코필드 동상
화성 3·1운동 만세길
돈의문 박물관 마을
스코필드기념관
국립서울현충원
(스코필드 박사 묘)

제암리 3·1운동 순국유적지
3·1독립만세운동 당시 일본 헌병이 제암리(두렁바위) 기독교 주민 23명을 집단으로 학살한 만행사건의 유적지로 사적 제229호로 지정되었다.

화성 3·1운동 만세길
격렬했던 화성지역의 독립운동사를 기리를 위해 31km로 이어진 만세길을 조성했다. 독립운동을 외쳤던 이들의 집터, 생가, 관공서, 횃불 시위운동 장소들이 복원되어 있다.

돈의문 박물관 마을 스코필드기념관
3·1운동의 발상지인 '탑골공원', 일제의 탄압을 상징하는 '서대문형무소', 임시정부 주석 김구의 사저인 '경교장'을 잇는 종로-새문안로-통일로의 중심, 돈의문 박물관 마을에 스코필드기념관을 개관했다.

국립서울현충원 스코필드박사 묘
외국인으로는 유일하게 스코필드 박사의 묘가 국립서울현충원 애국지사묘역에 안장되어 있다.

푸른 눈의 전달자, 증언자. 그의 눈빛을 보고 있으면 당시의 절박했던 우리 민족의 아픔이 전이되는 듯하다. 그리고 어찌된 운명인지 훗날 광주에 힌츠펜터라는 외인 기자 덕분에 해외에 우리의 고통을 알릴 수 있었다. 그 은혜를 받은 우리는 위기에 처한 다른 민족을 어떤 시선으로 바라 봐야할까 생각하게 한다. Hexter

경주 교촌, 최부자집을 찾아서

우리나라 사람 대부분이 경주라고 하면 신라 천년의 수도를 떠올린다. 경주는 불국사와 석굴암, 도심 곳곳에 자리한 대규모의 무덤과 첨성대 등 신라의 역사와 전통이 가득한 곳이기 때문이다. 그러나 경주에는 신라의 역사만 남아있는 것은 아니다. 안강 양동마을과 경주 교촌마을은 조선시대 형성된 한옥마을이다. 그중에도 교촌마을에는 일제강점기 노블레스 오블리주를 실천하며 독립운동을 위해 애쓴 최준1884~1970 선생의 삶과 최부자집의 철학이 담겨 있다. 경주 교촌마을은 신라 신문왕 때 국학이 설립된 곳으로 고려와 조선왕조를 거치며 향교가 들어선 장소이기도 하다. 전국에 교동, 교리, 교촌이라 불리는 지역이 많은데 대게 그 마을에 향교가 있어 붙여진 이름들이다.

따뜻한 봄날 경주를 찾았다. 내가 살고 있는 부산에서 경주 IC까지

한 시간 남짓 걸려 도착해 곧장 교촌마을로 향했다. 경주 사마소司馬所 앞에 주차를 하고 마을에 들어섰다. 교촌마을은 관광지로 잘 조성되어 가족 단위로 찾은 분들도 많았다. 안내소를 지나 한옥으로 꾸민 상점과 민속체험시설, 숙박시설 등을 보며 마을 안으로 들어갔다. 최부자집은 마을 안쪽 향교와 닿아 있었다. 최부자집 왼쪽으로는 무형문화재로 지정된 교동법주를 만드는 고택이, 오른쪽으로는 경주향교가 자리하고 있다. 천년의 배움터에 자리한 교촌 최부자집, 경주의 역사를 이어오는 이곳에서 독립운동가로 활동한 마지막 경주 최부자 최준 선생의 이야기를 찾아본다.

경주 최부자, 명문가의 철학을 담다

최부자집 내부로 들어갔다. 과거 99칸의 건물의 위용은 많이 사라졌지만 깔끔하고 정갈한 한옥의 모습을 갖추고 있었다. 사랑채와 안채, 주변 곳곳에 세월을 간직한 정원의 고목古木들은 이 집의 전통을 말해주는 것만 같았다. 최부자집의 상징과도 같은 곳간과 여섯 가지 가문의 가르침六訓이 넓은 마당 앞에 새겨져 있어 관람객에게 가르침을 주는 것만 같았다.

경주 최부자집은 어떻게 부를 형성해 유지해왔고 어떠한 활동을 해왔기에 존경받는 가문이 되었을까? 그 이야기는 13대조 정무공 최진립 1568~1636 장군으로부터 시작된다. 그는 임진왜란이 일어났을 당시 의병을 일으켜 영남지역에서 많은 공을 세웠으며 그 후 무과에 정식으로 합격해 여러 관직을 거쳤고 병자호란이 일어나자 69세의 연로한 나이임에도 마지막까지 앞장서 청군과 싸우다 전사한다. 조선 정부에서도 그의 충의를 기념하며 무관이었으나 용산서원에 배향하였고 경주시 내남면 이조리 인근에는 최진립 신도비와 최진립의 종가 충의당도 함께 자리하고 있다.

청백리로 살았다던 그는 부유한 삶은 아니었다. 최진립의 셋째 아들 최동량의 아들 최국선 대에 이르러 부를 이루기 시작했다. 당시는 임진왜란과 병자호란을 겪으며 몰락한 양반, 토지를 잃은 소작민들이 많았는데 부유한 가문들은 싼 값에 토지를 사들여 비싼 소작료약80%를 받고 농사짓도록 하는 일이 일반화되고 있었다. 부유층들이 이렇게 헐값에 땅을 사들이고 비싼 소작료를 받는 것은 비록 합법적이었을지는 모르나 최하층 백성들이 전쟁 후 겪는 이루 말할 수 없는 고통을 더하는 일이었다. 그래서 도적들도 많이 생겨났는데 어느 날 최국선의 집에도 횃불을 든 도적들이 들어왔다. 그 도적 중에는 최씨 집안의 소작농 사람들도 있었는데 이상하게도 양식을 훔쳐 가거나 사람을 상하게 하지는 않고 양식을 빌려 간 기록이 적힌 채권 서류만 훔쳐간 것이었다. 다른 친척과 가족들은 그들을 벌을 주기 위해 관아에 신고할 것을 권했으나 최국선은 다른 선택을 했다. 관아에 신고하거나 소작인들을 나무라지 않은 것이다. 그에 더해 남은 채권 서류 모두를 양식을 빌려 간 자들에게 돌려주고 소작료도 50%만 받도록 했다. 소작관리인의 횡포와 이익을 막기 위해 마름을 두지 않고 자율적인 농사를 권장하였고 만석 이상이 생산되면 소작료를 더 낮춰 주었다. 이런 소식이 알려지자 경주에서 누군가 땅을 판다고 하면 소작농들은 최부자집에 가장 먼저 알렸다. 그래야 그 땅이 최부자집의 소유가 되어 더 많은 소작인이 낮은 소작료를 지불하고 농사를 지을 수 있었기 때문이다.

최부자집은 많은 농지에 이앙법을 통한 모내기 법을 실시했다. 당시 모내기 법은 국가에서도 적극적으로 권장하지는 않는 농법이었다. 왜냐하면 옮겨 심은 논에 물이 풍부하게 공급되지 않으면 한해 농사를 망칠 수도 있기 때문이다. 그러나 최씨 집안에서는 형산강의 물줄기를 끌어와 인공적인 수로를 만들어 안정적으로 물을 공급할 수 있었다. 그로 인해 노동력은 대폭 줄었고 이모작도 가능해졌으며 생산량은 더욱 늘어났다. 그렇게 부는 늘어 갔지만 최씨 가문은 더불어 살아가는 삶의 철학을 세우고 실천하며 살았다. 최부자 가문의 육연六然과 육훈六訓에서 그 철학을 엿볼 수 있다.

육연(六然 : 자신을 지키는 교훈)

1. 자처초연(自處超然) : 스스로 초연하게 지내고

2. 대인애연(對人靄然) : 남에게 온화하게 대하며

3. 무사징연(無事澄然) : 일이 없을 때 마음을 맑게 가지고

4. 유사감연(有事敢然) : 일을 당해서는 용감하게 대하고

5. 득의담연(得意淡然) : 성공했을 때는 담담하게 행동하고

6. 실의태연(失意泰然) : 실패했을 때는 태연하게 행동하라

육훈(六訓 : 집안을 다스리는 교훈)

1. 과거를 보되, 진사 이상은 하지 마라

2. 재산은 만 석 이상 지니지 마라

3. 과객을 후하게 대접하라

4. 흉년기에는 땅을 사지 마라

5. 며느리들은 시집온 후 3년 동안 무명옷을 입어라

6. 사방 백리 안에 굶어 죽는 사람이 없게 하라

오늘날 우리가 이런 부자를 찾아볼 수 있을까? 예전에 어느 선생님께 들은 이야기가 있다. '부자들의 유일한 희망은 더 부자가 되는 것'이라는 말! 뉴스에서 들리는 대기업 집안의 좋지 못한 언행과 자손들의 재산을 둘러싼 싸움들까지… 뿐만 아니라 요즘은 평범한 사람들도 어려운 시기를 이용해 어떻게 해서든지 돈을 더 벌려고 한다. 이렇게 더 높은 자리, 더 많은 재산을 소유하려는 이들이 늘어나는 세상에서 부를 나누며 함께 살아가려는 이 가문의 가르침은 300년이 지난 오늘까지도 경주 최부자집을 명문가로 부르는 이유가 되기에 충분할 것이다.

최부자집이 경주 교촌마을로 옮겨 온 것은 7대 최언경 때였다. 당시 향교 옆에 집을 짓는 것을 반대하는 유림들이 많았으나 향교의 권위를 존중하겠다는 의지로 자신의 집터를 한자나 더 깎고 낮추어 집을 지으며 반발을 무마하였다. 그래서 최부자집에 들어서면 집터와 처마 등의 건물이 낮아 보인다. 이런 최부자집 내부에는 영광의 상징이라 할 만한 '곳간'이 자리하고 있다. 현재는 하나만 남아있으나 예전에는 모두 7채나 있었다고 한다. 이 곳간이 부의 상징, 또는 탐욕의 결과가 아닌 영광의 상징인 이유는 그 부를 나라와 민족을 위해 사용하며 이어왔기 때문이다. 6가지 가문의 가르침을 잘 지키며 300년을 이어 온 최씨 가문은 1910년 나라를 잃는 시련 앞에 독립운동의 길을 걷게 된다. 당시 최부자집을 이끄는 이는 최현식이었고 그 아들이 마지막 최부자라 불리는 당시 20대의 최준 선생이었다.

최준 선생, 독립운동 자금을 지원하다

최부자집은 과객을 후하게 대접하고 민심을 살피며 삶의 지혜를 구하려 하였다. 자신이 경주, 울산, 영천 일대의 만석을 가진 부자임에도 오히려 뛰어난 인재가 찾아오면 오래 머물도록 대접하며 배움을 얻고자 하는 겸손함이 묻어났다. 사랑채에는 3개의 편액액자이 걸려 있는데 '대우헌大愚軒, 크게 어리석다'과 '둔차鈍次, 재주가 둔하여 둘째다'라고 쓰여 있는 편액은 스스로를 낮추고 귀를 기울이겠다는 겸손한 자세를 보여주는 상징적 글이다. 마지막 세 번째 편액인 '용암고택龍庵古宅'은 용의 정기가 스며드는 고택이란 뜻이다.

과거 최진립 선생이 양란의 전쟁 속에 영남지역의 의병을 일으켰다면 이제는 국권이 상실한 때에 독립운동을 위해 나선 것이다. 동학의 2대 교주인 최시형과 3대 교주인 손병희가 이곳을 찾아 머물며 최준 선생을 만났고 독립의 의지를 높여갔다. 그리고 위정척사운동과 항일운동을 펼친 면암 최익현 선생이나 평민 의병장 신돌석 장군도 최부자집에 머물며 도움을 주고받았다.

최준 선생은 "재물은 분뇨와 같아서 한곳에 모아두면 악취가 나고 골고루 사방에 뿌리면 거름이 되는 법이다." 라며 나라가 없으면 부자도 없다는 생각으로 자신이 가진 재산을 독립운동 자금으로 제공하기 시작한다. 조선국권회복단과 대한광복회에 자금을 제공한 것이다. 두 단체를 이끈 사람은 박상진인데 그는 최준 선생의 사촌 매형이었다. 또 최준 선생의 장인은 안동의 김정섭인데 그 아우 김응섭도 조선국권회복단에 참여했고 의열단 단원 김지섭도 그 일가이다. 최준 선생은 항일단체에 참여해 자금을 제공했다는 이유로 1917년 체포되어 공주형무소에 수감되었고 이듬해 10월 풀려났다.

백산을 만나고 백범을 만나다

1918년 최준 선생은 출소 후 부산 백산상회를 운영하는 안희제를 만난다. 백산 안희제는 1911년 부산에서 곡물, 면직물, 해산물 등을 판매하는 소규모의 상점을 운영하고 있었는데 3·1운동이 일어난 1919년 영남의 민족 부호들의 지원으로 자본금 100만원의 백산무역주식회사를 설립한다. 백산상회는 부산은 물론 전국적으로도 상당한 민족자본 회사였기에 일제의 감시를 받게 되었다. 최준 선생은 백산상회를 통해 상해 임시정부에 독립운동자금을 지원했다. 대구, 서울, 원산 등 국내에는 지점을 통해 독립운동자금을 지원했고, 만주, 심양, 단동에는 지점을 두어 연락수단으로 삼았다. 단동에서는 서양인 조지 루이스 쇼George Lewis Shaw가 운영하는 이륭양행이라는 무역선박회사가 독립운동을 돕기도 했다. 그러나 백산상회는 항상 적자였다. 무역사업이 어려웠던 것이 아니라 임시정부 자금의 60~70%나 되는 막대한 재정을 계속 지원했기 때문이다. 그 속에서 최준 선생의 동생이었던 최완은 대동청년단에 가입하고 상해임시정부의 재무위원, 의정원 의원까지 다양한 활동을 하였으나 일제의 끈질긴 추적에 1926년 체포되어 고문 끝에 순국했다. 최부자집과 교동법주 고택 옆으로 난 골목길에 최완 선생의 생가가 남아있다.

독립운동사에서 눈에 띄지 않지만 중요한 사항이 자금조달이었다. 최부자집에서 이 중요한 역할을 감당했던 것이다. 가문의 모든 땅과 재산을 담보로 은행에서 돈을 빌려 독립운동자금으로 보낸 것이다. 최준 선생이 백산에게, 백산은 다시 임시정부에 자금을 보내는 역할을 맡았다. 해방 후 김구는 얼마나 고마웠는지 바쁜 일정에도 최준 선생을 경교장으로 초대해 임시정부 재무 장부를 보여주며 고마움을 표현했다. 그 자리에서 최준 선생은 다시 백산을 떠올렸다. 단 한 푼의 오류도 없이 자신이 보낸 자금을 임시정부로 보내주었던 백산 안희제, 그는 일본이 백산무역회사를 조사하며 탄압이 심해지자 1927년 상회의 문을 닫고 만주로 거처를 옮겨 대종교에 입교해 독립운동을 이어오다 투옥되었고 고문 후유증으로 해방을 두 해 앞둔 1943년 순국하였다.

교육을 위해 전 재산을 헌납하다

현재 최부자집 입구 안내판에는 영남대학교에서 관리하고 있다는 안내가 붙어 있다. 경주에 자리한 최부자집과 경북 경산에 자리한 영남대학교는 무슨 관련이 있을까? 최준 선생은 서울 보성전문학교고려대학교를 맡아 운영하던 손병희가 자신에게 학교를 맡아줄 것을 요청한 적이 있었는데 당시 그는 안희제와 백산상회를 경영하며 많은 재정을 임시정부에 보내고 있는 상황이라 더 이상의 여력이 없어 인촌 김성수를 운영자로 추천했다고 한다. 해방을 맞은 후 그는 많은 재산을 사회에 환원하는 방법, 그것도 교육을 통한 다음 세대를 양성하는 길을 선택한다. 해방 후 남은 재산을 모두 들여 대구대학교를 설립하고 최씨 집안의 고택, 전답, 선산 등을 모두 학교에 기증하였다. 두 번 다시 식민지를 겪지 않기 위해서는 학교를 설립해 옳은 인재를 양성해야 한다고 믿었기 때문이다. 해방과 전쟁이라는 어려운 시간 속에도 최준 선생은 이사장으로서 학교를 잘 이끌어 왔으나 1961년 5.16 군사쿠데타가 일어난 후 학교는 큰 변화를 맞게 된다. 최준 선생의 손자로 경주최씨 종친회 회장 최염 선생의 증언에 따르면 국가재건최고회의에서 결정했으니 60세가 넘은 총장은 사표를 받기로 했다는 것이다. 이화여대 김활란, 중앙대 임영신도 사표를 냈으니 따르라는 강요를 받았다는 것이다. 그 후 대구대학교의 교수로 재직했던 신현확이라는 인물이 삼성 이병철 회장에게 기업의 이미지 제고를 위해 대학 운영을 제안했고 1964년 이병철은 경주를 찾아 최준 선생을 만난다. 이때 최준 선생은 한강 이남에서 가장 좋은 학교를 만들겠다는 이병철의 약속에 아무 대가도 서류도 없이 구두로 학교의 운영권을 넘기고 본인은 이사로 남는다. 당시 이병철은 물론이고 제일모직 사장과 상무 등 여러 인사들이 금전적인 보상을 하려 했으나 그는 교육과 학교는 사고파는 것이 아니기에 상업적 계약서를 쓸 필요가 없다고 했다. 그 후 가문의 보물과도 같았던 단계연단계석으로 만든 벼루와 오동나무 재질의 벼루집까지 선물로 주며 대학교 운영을 믿고 맡겼다.

대구대학교가 영남대학교가 되다

그러나 이병철 회장은 최준 선생의 믿음과는 다른 결정을 내린다. 애초에 교육에 대한 접근 방법이 달랐다. 1966년 삼성은 박정희 정권의 비호 아래 추진한 삼성 계열의 한국비료에서 '사카린 밀수사건'이 터지자 곤경에 처하게 된다. 당시 한국의 대기업으로 성장하던 삼성이 건설자재로 속여 냉장고, 에어컨, 전화기, 사카린의 원료 등을 대량 밀수하고 암시장에 되팔아 큰 수익을 본 것에 대해 비난이 쏟아졌다. 삼성을 감싸주었던 정부는 정치권과 언론의 비난을 받자 오히려 삼성을 수사했고 그 과정에서 이병철 회장은 한국비료를 국가에 헌납하고 최준 선생이 부탁한 대구대학교도 박정희 대통령에게 넘겨주게 된다. 당시 대구지역의 또 다른 사립대학인 청구대학교가 박정희 정권의 인사들에게 넘어가 있었는데 그 청구대학교와 대구대학교를 합병해 영남대학교가 탄생한 것이다. 그런데 몇 가지 이상한 점은 그 과정에서 대구대학교의 설립자 최준 선생의 의견은 전혀 반영되지 않았다는 사실이다. 이병철도 박정희도 그와 상의 한 번 없이 학교를 통합시켰다. 뒤늦게 이 사실을 통보만 받은 최준 선생이 이병철을 찾아가 항의했으나 소용없었다. 통합의 결정을 앞둔 마지막 대구대학교 이사회에도 최준 선생은 초청받지 못했고 최종적으로 통합하는 의결에서 이병철을 찾았으나 만날 수 없었다. 최준 선생이 통합 반대를 외치며 호통을 치고 회의장을 나오자 합병안은 자연스레 통과되고 최부잣집의 모든 재산은 영남대학교의 소유로 넘어갔다. 대구대학교 건물과 부지는 물론 조상들이 묻힌 선산과 경주 교촌의 고택의 모든 소유권을 잃게 되었다. 또 한 가지 의문은 학교가 국가나 지역의 소유인 국공립학교로 설립된 것이 아니라 박정희 대통령 개인의 소유가 되었다는 점이다. 한강 이남 제일의 대학을 만들겠다며 굳게 약속한 이병철 회장을 믿고 모든 것을 넘겨준 최준 선생은 3년 만에 그 약속이 깨어진 것에 못내 안타깝게 여기며 한스러워했다. 최준 선생은 '나라가 발전하면 다시는 이런 일이 안 일어날 것이다'라며 오히려 학교가 잘 되도록 도우라는 이야기를 남기고 영남대학교가 출범 한지 3년 후인 1970년 세상을 떠났다.

최준 선생이 떠난 최부자집은 현재 영남대학교가 소유, 관리하고 있다. 오랜 전통과 독립운동 이야기, 그와 더불어 교육 사업에 있어 아쉬운 이야기까지 500년의 이야기를 들을 수 있는 곳이 교촌마을이다. 교촌 홍보관을 들러 교촌마을의 이야기를 먼저 듣고 최부자집과 향교 그리고 계림까지 마을 골목골목 돌아보고 경주시 내남면 이조리에 자리한 충의당까지 찾아본다면 색다른 경주 독립운동 탐방 길이 될 것이다.

❶ 경주 향교

❷ 경주 최부자집 내부

❸ 경주 교촌 최완 선생의 집

❹ 경주 교촌마을

❺ 경주 충의당 정무공 최진립 장군상

❻ 경주 활인당_굶주린 백성 구휼처

❼ 독립운동가 최완 선생의 집

함께 걷는 독립운동의 길

경주 교촌마을   경주 최부자집 ·   경주향교   충의당 · 충의공원
                       최완 선생 생가

경주 최부자집

최부자집의 상징과도 같은 창고와 여섯가지 가르침, 그리고 나그네를 맞았던 사랑채와 고즈넉한 안채까지 부자의 품격과 삶을 보여주는 최부자 고택이다. 마지막 최부자로 불린 최준 선생이 기거하였고 현재 영남대학교에서 관리하고 있다.

경주 충의당

경주 내남면 이조리에 위치한 곳으로 조선후기 무신 정무공 최진립 선생의 집으로 최부자집의 내력과 삶을 볼 수 있는 곳이다. 가난한 백성을 구휼했던 활인당과 함께 아름답게 가꿔진 고택을 체험할 수 있다.

우리 독립운동사에 노블리스 오블리주를 실천한 수많은 재력가들이 있지만, 어떤 재력가들보다 마음이 넉넉한 시골 부잣집 할아버지 같은 푸근한 인상이다. 나눔의 덕과 가치를 생각 할 수 있는 본이 되는 선조가 있어서 감사하다. ^{Hexter}

유일한1895~1971 박사의 삶을 만나기 위해 서울 대방동 유한양행 본사 1층에 마련된 기념관을 찾았다. 유한양행 본사는 서울 지하철 1호선 대방역 2번 출구에서 도보로 10분 정도 거리에 위치한다. 지도를 보고 걸어가는데 현재의 사옥 옆으로 꽤 오래된 건물 하나가 웨딩하우스로 사용되는 것을 보고 좀 특별하다고 생각을 하던 차에 벽에 새겨진 정초석을 발견했다.

유한양행, 유일한 박사를 만나다

이 웨딩하우스 건물은 유일한 박사가 살아계셨던 1961년에 건축한 유한양행 본사 건물이었고 지금도 서울에서 60년 가까이 그 자리를 지켜오고 있는 건물이다. 이윤 창출에 가장 큰 가치를 두고 운영되는 자본주의 시대에 오래 된 건물을 헐고 넓은 부지에 높은 빌딩이나 다른 사업을 하지 않고 유지하고 있다는 것 자체가 놀랍다는 생각이 들었다. 그래서일까? 더욱 그가 누구인지, 그리고 그가 걸어온 길과 또 그가 우리 사회에 남긴 유산은 무엇인지 궁금해졌다. 유한양행 본사 입구에 다다랐다. 건물에 들어서니 1층 로비 오른쪽에 유일한기념관이 자리하고 있다. 작은 공간이었지만 그의 생애와 여러 활동이 기록되어 있었고 그가 살아오며 가진 가치와 정신들이 기록되어 있었다.

유년시절 미국 유학길에 오르다

내부 기념관 왼편으로 유일한 박사의 생애가 시기별로 정리되어 있었다. 1895년 1월, 유일한 박사는 청일전쟁으로 폐허가 된 평양에서 태어났다. 9남매 중의 장남으로 본명은 유일형이었다. 그의 아버지 유기연은 싱거singer미싱 평양대리점을 운영하기도 했고 평양선교사 홀Wiilliam J. Hall에게 감동을 받고 사무엘 마펫Samuel A. Maffet에게 세례를 받은 기독교 신자였다. 그는 제국주의 열강의 침략과 전쟁의 아픔을 겪으며 국권을 지키기 위해서는 근대교육을 통한 실력양성과 경제적 자립이 중요하다고 생각했다. 이에 장남이었던 유일형유일한을 민족을 위해 일할 사람으로 키우고 싶어 유학을 보낸다. 마침 조선인 유학생을 선발한다는 소식을 듣고 10살이 안 된 첫째 아이를 미국이라는 먼 나라로 떠나보낸 것이다. 유일한 박사는 배에서 아버지가 바꾸어준 달러를 모두 잃어버리기도 했으나 함께 한 대한제국 박장현 공사와 그 조카 박용만의 도움으로 무사히 도착한다. 미국 서부 샌프란시스코에 도착 후 중부 네브래스카 커니로 이주해 미국인 자매의 가정에서 함께 생활하며 일과 학업을 병행해갔다. 그러나 고국에서 들리는 소식은 점점 더 좋지 못한 소식들이었다. 을사늑약이 체결되고 곧이어 고종황제가 쫓겨났으며 군대까지 해산당하는 상황을 맞이한 것이다. 그러자 함께 미국으로 건너온 박용만은 무장독립전쟁을 위한 독립군 양성을 주도하며 1909년 커니 농장에 '한인소년병학교'를 설립한다. 유일한 박사도 14세의 나이로 이 학교에 입학해 민족의식과 독립을 향한 마음을 키워나가게 된다. 그의 이름 유일형도 이때쯤 유일한으로 바꾸었다. 중학교 시절 신문배달을 하며 학비를 벌 때 신문사 소장이 '일한' 一韓으로 편하게 불렀는데 '한韓'이라는 글자가 한국을 떠올리는 의미로 여겨져 아버지께 문의했고 아버지는 승낙과 함께 동생들의 돌림자도 모두 '한'으로 바꾸었다. 그는 미국에서 학교를 다니며 동양인이라는 차별도 받았지만 적극적인 학교 생활과 동아리 활동에 참여하여 웅변과 미식축구 등에 뛰어난 기량을 보였다. 학교에서는 그를 작지만 열정과 실력을 갖춘 학생으로 소개하였다. 웅변에서는 미국 학생들보다 더 탁월한 연설을 했고 고교 시절에는 미식축구 선수로 당당히 활동하였다. 그렇게 10년의 시간이 흐른 후 네브래스카를 떠나 1916년 미시간대학 경제학과에 입학했다.

경제적 자립, 또 다른 독립운동

유일한 박사의 웅변 실력은 글로도 표현되었다. 1919년 3·1운동 직후 열린 필라델피아 미주한인대표자회의에서 「한국 국민의 목적과 열망을 설명하는 결의문」작성에 참여했고, 이를 계기로 서재필, 이승만, 안창호 등을 만나게 된다. 당시 미국 한인사회의 지도자들과 교류가 시작된 것이다. 그는 대학 졸업 후 미시간 중앙철도회사, 뉴욕의 제너럴 일렉트릭 등에서 회계사로 일하며, 인정받는 동양인이 되었으나 출세와 안정의 길보다 독립과 투쟁의 길을 선택한다.

"나는 지금 이대로 미국에서 걱정 없이 살 수 있지만 조국의 동포들을 두고 혼자 잘 살 수는 없다."

유일한 박사는 디트로이트로 자리를 옮겨 중국 음식에 많이 사용하는 숙주나물을 신선한 상태로 통조림에 넣어 소비자에게 전달하는 방법을 고안해 대량생산하는 체계를 갖추며 사업을 시작한다. 1922년 친구 월리 스미스Wally Smith와 합작한 회사의 이름은 라초이La Choy였다. 유일한 박사가 20대 후반이 되었을 때였다. 빠르게 성장하던 회사 라초이의 일로 중국을 방문하였다가 북간도로 이주해 독립운동을 이어가시던 아버지를 만나고 고국을 방문하게 된다. 사업차 방문한 여정이었으나 조국의 안타까운 현실을 마주하게 된 것이다. 일제의 핍박과 압제 속에 고통 받는 동포들이 많았기 때문이다. 이에 유일한 박사는 1925년 사업이 확장되던 라초이를 그만두고 미국에서 '유한주식회사'를 설립한다. 이때 유일한 박사가 유한주식회사의 사장으로 추대한 이가 서재필 선생이었다. 그리고 오늘날 많은 국민에게도 알려진 유한양행의 상표가 된 버드나무 그림이 처음 등장했다.

뜨거운 여름날 사람들이 햇빛을 피해 마음 놓고 쉴 수 있는 시원한 그
늘이 돼라.

서재필 선생은 이러한 뜻을 담아 버드나무 그림을 유일한에게 선물
한 것이다. 그리고 미시간대학에서 만난 중국 광동성 출신의 호미리胡美
利 여사와 결혼하는데 아내는 코넬리 의대를 졸업한 동양인 여성 최초의
소아과 의사였다.

유한양행, 기업가의 정신을 보여주다

사람은 누구를 만나 어떤 영향을 받고, 어떤 상황과 현실에 겪느냐에
따라 그의 가치나 인생이 많이 달라진다. 유일한 박사는 박용만의 도움으
로 미국 생활에 적응했고 서재필을 만나 큰 가르침을 받는다. 그리고 사
업차 찾게 된 중국 방문길에 고국을 떠난 지 21년 만에 북간도의 가족들
도 다시 재회하게 되었다. 이러한 만남 속에서 그는 기업가로 활동하지만,
'자본주의 논리'가 아닌 '자본주의 윤리'가 실천되는 민족 기업을 조국에
세우기로 마음먹는다. 우리 민족에게 일자리를 제공할 수 있는 기업, 그리
고 건강이 받쳐 주어야 교육도 독립도 이루어질 수 있다는 확신 속에 제
약회사 설립을 결심한다. 그렇게 세워진 회사가 유한양행이다.

1926년 귀국 후 그는 종로2기에 유한양행을 설립했다. 미국에서 선
진 의약품을 공급하려고 애썼고 당시 결핵으로 죽어가는 많은 이들을 안
타까워하며 치료제 개발에도 힘을 기울였다. 세브란스병원의 올리버 애

비슨Oliver R. Avison 박사로부터 연희전문학교 교수로 초청받고 아내 호미리 여사는 세브란스 의학전문학교 소아과로 초청받기도 했다. 1933년 처음 개발에 성공한 '안티푸라민'은 진통소염제로 큰 인기를 끌었고 1930년대 미국의 애보트사와 합작해 중국 대련에 약품 창고를 세우고 만주 지역으로 사업을 넓혔다. 당시 유한양행의 신문 광고 기사는 대단히 인상적이었다. 대부분의 일본 약품이나 제약회사들의 광고는 이것만 먹거나 마시면 병이 낫는다는 '만병통치약'식 광고가 많았는데 유한양행의 광고는 어떤 질환에 어떤 효능이 있는지 구체적으로 밝히고 의사와 약사의 이름까지 써서 신뢰와 책임감을 높였다. 그리고 약 상자에는 유한양행의 상징 버드나무 마크를 붙였다. 이런 유일한 박사의 책임감 있는 경영 철학이 신뢰의 상징 버들표 마크라는 이름을 탄생하게 한 것이다.

그리고 그는 경영인의 윤리의식이 중요하다는 것을 말이 아닌 실천으로 보여주었다. 라초이 회사 운영 시절 거래처 회사 사장이 탈세를 통해 이익을 챙기는 모습을 보며 실망하기도 했고 미국에서 활동하던 이승만 박사가 독립운동자금을 사적인 곳에 사용하는 것을 보고 분노하기도 했다. 그리고 회사의 한 간부가 마약 중독자들이 늘어나는 추세이니 모르핀을 제조해 판매하면 큰 수익이 날 것이라고 제안하자 불같이 화를 내며 당장 회사에서 나가라고 호통을 친 일화도 있었다. 또한 돈이 되지 않지만 필요하다고 여겨지는 의료, 제약 사업에도 앞장서 연구해 나갔다. 보관과 유지비용이 많이 들지만 찾는 이가 많지 않은 약품에 투자하는 회사는 지금도 흔치 않을 것이다. 그러나 유한양행은 찾는 이는 많지 않아도 치료에 꼭 필요한 약품들을 보관하는 시설을 만들고 전국에서 요청이 있으면 보내주는 작업을 원활히 할 수 있도록 철도회사와 협약까지 맺었다. 실로 생명을 살리는 사업가이자 기업가의 정신을 보여주는 장면이 아닐 수 없다. 6·25 한국전쟁 당시 부산에 내려와 복음병원을 세운 장기려 박사는 이런 말을 남겼다.

"바보 소리 들으면 인생 잘 산 것이야."

유일한 박사는 돈에 눈먼 사업가가 보기에는 바보 같아 보일지 모르겠다. 하지만 유일한 박사에게는 이윤을 많이 내는 사업보다 사람들에게 정말 필요하고 도움이 되는 약을 생산하는 것이 더 큰 꿈이었다. 그러니 사람들은 유한양행의 버드나무 마크를 신뢰의 상징처럼 여겨 온 것이다. 1936년 유한양행을 시작하고 10년이 되었을 때 그는 본사에서 총회를 열어 한국 최초로 종업원들을 주주로 한 주식회사 유한양행을 새롭게 출범시켰다. 기업은 사회 속에서 성장하는 것이므로 개인이나 한 가문의 소유가 아니라 그 이익은 사회에 환원되어야 한다고 생각했기 때문이다.

다시 무장 항일운동에 뛰어들다

주식회사 유한양행으로 바뀐 뒤 그는 잠시 미국에서 활동하는데 그 기간 태평양전쟁이 일어난다. 태평양전쟁에서 일본의 패망이 짙어지지 일부 독립운동가들은 우리도 자주적으로 연합군에 참여해야 한다고 주장했다. 임시정부 또한 한국광복군을 투입하는 연합작전을 준비하고 있었다. 유일한 박사는 미전략정보국OSS : CIA의 한국 담당 고문으로 활동하며 한국광복군을 도왔고, LA에 한인 지도자들과 함께 '한인 국방 경위대'를 편성하고 1942년 '맹호군'이라는 이름으로 임시정부 군사위원회의 인가도 받았다.

그는 OSS의 비밀 침투 작전인 냅코NAPKO작전에 직접 참여하기도 한다. 냅코 작전이란 8·15광복 직전 OSS가 한국인들로 구성된 특수 공작조를 한국에 침투시켜 지하조직을 결성하고 무장 항일운동을 벌인다는 작전이었다. 작전에 투입될 당시 유일한 박사는 50세였다. 적지 않은 나이에도 낙하훈련과 여러 고된 훈련을 견뎌내며 독립을 위해 자신의 한 몸을 바쳤다. 그렇게 1945년 1월 냅코 작전 1조 조장의 역할을 맡아 훈련과 작전을 준비해왔으나 연합군의 승리와 일본의 항복으로 예상보다 빨리 해방을 맞으면서 침투 작전을 실행에 옮기지는 못했다. 해방 후 1946년 유일한 박사는 가족과 함께 한국으로 돌아왔다. 일제강점기 일본의 압박 속에 붙잡혀 간 회사 사람들도 모두 풀려났고 회사를 추스르며 정비해갔다.

정직과 성실의 경영, 시대에 필요한 기업가 정신

해방 후 혼란한 정국은 끝내 한국전쟁이라는 비극을 낳았고 그 속에서 유일한 박사와 유한양행은 앞으로의 길을 구상한다. 1958년 「유한의 정신과 신조」라는 글을 발표해 의약품을 통해 국가와 민족을 위하고 개인의 자발적인 헌신과 성실함을 강조하였다. 유일한 박사는 '정직과 성실'

이라는 유한의 가치를 강조하며 국가와 민족을 먼저 생각하는 기업가, 낭비가 없는 검소한 삶과 청지기 정신을 몸소 실천하며 살았다.

1962년 11월 한국 제약업계 최초로 주식을 상장하였고 투명한 경영과 성실한 납세라는 원칙을 철저히 지켜가며 혈연관계가 아닌 전문경영인을 세우는 모범사례를 열었다. 1960년대 많은 기업이 성장하는 과정에서 정권에 정치자금을 대고 그 대가로 혜택을 누리는 일이 많았다. 당시 5·16 군사쿠데타로 정권을 획득한 박정희 정부는 정치자금이 필요했고 그러한 손길은 유한양행에도 미쳤다. 그러나 정직과 성실의 가치로 평생을 살아 온 유일한은 단호히 거절하며 기업의 가치를 지켜나갔다. 그래서 정권에 미움을 산 유한양행은 여러 차례에 걸쳐 대대적인 세무조사를 받았지만 단 1원의 탈세도 없이 회사를 유지해 왔다는 사실이 밝혀져 놀라움을 샀다. 당시 세무조사원은 이런 말을 남겼다고 전한다.

"아무리 털어도 먼지가 안 나는 경우가 있구나!"

더 나아가 굳이 지출하지 않아도 될 세금까지 자진해서 내는 회사를 보며 어리둥절했다고 한다. 일제강점기와 이승만 정부를 거치면서 여러 유혹에도 정치가로의 길을 걷지 않고 경영인의 철학을 지켜 온 삶이 세상에 알려졌고 오히려 이 사실에 감동한 박정희 대통령은 유한양행과 유일한 박사에게 모범납세기업선정, 동탑산업훈장을 내렸다. 정권과 기업이 서로 자금과 특혜를 주고받으며 성장한 대한민국 경제 성장사에 있어 유한양행은 '정경 분리'라는 원칙을 지킨 모범 기업의 대표적인 사례가 되었다. 한번은 본인의 아들을 부사장에 취임시켰다가 해고한 일도 있었다. 1969년 미국에서 변호사를 하던 아들 유일선이 한국으로 귀국하는데 유일한 박사는 아들이 회사에 들어오는 것을 좋지 않게 여겼다. 그러나 주변 임원진들이 해외에서도 기업의 2세 경영이 있다고 하여 설득한 끝에 부사장직을 승낙했다. 그러나 아들 유일선이 부사장 취임 후 기업의 성장에만 초점을 맞추자 아버지의 뜻과 조금씩 거리가 벌어졌고 유일한 박사의 생각과의 충돌로 아들을 해고했다고 한다. 그 후 아들과 일가친척 모두 유한양행의 임원진이 되지 못하도록 하였고 주식도 처분하여 경영에 간섭하지 못하도록 하였다. 그리고 전문 경영인 또한 외부 영입보다 유한양행에서 입사해 평사원들이 승진하여 승계하도록 하는 관례를 만들었다.

교육사업, 사회사업으로 환원하다

유일한 박사는 교육을 통한 인재 양성을 소원했는데 그는 자기 직업란에 기업가보다 교육가라고 쓸 정도로 다음 세대를 키워가는 것에 관심을 기울였다. 1952년 고려공과기술학교를 설립하고 1962년 학교법인 유한학원을 세워 유한중학교, 유한공업고등학교 설립하며 현재 유한대학교의 기틀을 마련하였다. 유한학원 뿐 아니라 서울대학교와 연세대학교 등에도 연구비 등을 지원했고 1970년에는 개인 주식 8만 3천여 주를 기부해 '한국 사회 및 교육원조 신탁기금'을 설립하여 사회사업을 후원하는 일에도 앞장선다. 이 신탁기금은 1977년 '재단법인 유한재단'으로 발전한다. 그리고 이듬해 숨을 거두며 남긴 유언장에는 자신의 개인소유 주식 14만 941주유한양행 총 발행 주식의 20.6%를 모두 유한재단에 기부하였다. 이 정도 주식이면 현재 시가로 수천억 원에 이르는 금액이라고 한다.

〈유일한 박사의 유언장〉

첫째, 손녀 유일링에게는 대학 졸업 시까지 학자금 1만 달러를 준다.

둘째, 딸 유재라에게는 유한공고 안의 묘소와 주변 땅 5,000평을 물려 준다. 그 땅을 유한동산으로 꾸미되 결코 울타리를 치지 말고 유한중 공업고교 학생들이 마음대로 드나들게 하여 어린 학생들의 티 없이 맑은 정신에 깃든 젊은 의지를 지하에서나마 더불어 느끼게 해달라.

셋째, 내 소유주식 14만 941주는 전부 '한국 사회 및 교육원조 신탁기 금'에 기증한다.

넷째, 아들 유일선은 대학까지 졸업시켰으니 앞으로는 자립해서 살아 가거라.

이 유언장은 유일한 박사가 세상을 떠난 후 공개되었고 당시 TV 뉴 스와 신문에도 여러 차례 보도되었다. 사람은 뛰어난 언변보다 그 사람이 걸어 온 삶을 보면 그 사람의 됨됨이를 알 수 있게 마련이다. 기업을 경영 하기 위해서 어쩔 수 없다는 핑계로 온갖 거짓과 술수로 성장해 온 기업 들이 한국 사회에 넘쳐난다. 유일한 박사는 사신이 강조한 기업 경영의 철학을 마지막 본인이 떠날 때까지 지키며 살았다. 딸 유재라 여사는 유 한양행의 최대 주주가 되었음에도 아버지의 뜻을 받아들여 회사 경영에는 참여하지 않았다. 오히려 유한재단 이사로서 각종 교육 사업과 사회 사업을 위해 사회에 공헌하는 일에만 힘을 기울이다 1991년 개인 소유주식 226,787주와 재산 모두를 유한재단에 기부하고 세상을 떠났다. 얼마나 아름답고 멋진 가문의 이야기인가! 독립운동가의 가문은 이렇게 현대 사회에도 기업가로서 자립의 정신, 섬김과 나눔의 정신으로 이어진 것이다. 아버지와 딸 모두가 국가가 내린 국민훈장을 수여 받았다.

평양에서 사업가의 집에 태어나 해외 유학길에 올라 독립운동과 함께 기업가로서 민족을 위한 경제적 자립과 윤리를 실천한 유일한 박사. 그가 평생 지켜온 정직과 성실이라는 자세를 바탕으로 기업에서 얻은 이익은 그 기업을 키워준 사회에 환원하여야 한다는 생각을 죽기까지 실천하였다. 유한공업고등학교 유한동산 내에 자리한 유일한 동상과 묘에는 그의 인간관이 새겨져 있다.

눈으로 남을 볼 줄 아는 사람은 훌륭한 사람이다.
그러나 귀로는 남의 이야기를 들을 줄 알고,
머리로는 남의 행복에 대해서 생각할 줄 아는 사람은
더욱 훌륭한 사람이다.

전시관을 둘러보며 유일한 박사의 인품과 가치관 그리고 어디에도 굴하지 않는 신념으로 살다 삶의 마지막에는 모두 교육과 사회에 환원하는 인생. 그것이 그가 평생 갖고 살았던 청지기라는 삶의 자세였다. 독립운동의 이야기가 경제적 자립운동과 사회적 나눔 운동으로 이어지는 아름다운 모습이 한국 사회에 곳곳에 더 많아졌으면 하는 바람이다. 작은 기념관이었으나 가슴 뭉클하고 감동이 된 한 사람의 삶과 회사의 이야기를 볼 수 있어 더 없이 감사하고 소중한 관람이었다.

손발·입술 트는데·운동전후에

언제 어디서나 우리들의 상비약
안티푸라민

❶ 유한양행 초기 본사 사옥
❷ 유한양행 본사 1층 유일한 기념관
❸ 유일한 박사의 가족(부인 호미리여사)
❹ 유한공고 졸업식에 참석한 유일한박사
❺ 박정희 대통령으로부터 받은 동탑산업훈장
❻ 유한양행 약품 광고
❼ 유일한 박사 흉상

함께 걷는 독립운동의 길

유한양행본사 유일한기념관　　　　유한공업고등학교 유한동산　　　　유한대학교 유일한기념홀

유한양행 본사 유일한기념관
유한양행 본사 1층에 위치한 유일한기념관은 유일한 박사의 삶과 사상과 이야기들이 잘 전시되어 있다. 본사 옆으로 초창기 유한양행 건물이 아직도 옛 모습으로 남아 있고 유일한박사의 흉상이 1층 로비에 자리하고 있다.

유한공업고등학교 유한동산
유한공업고등학교 유한동산에 자리한 유일한 박사의 묘에는 그의 인간관이 새겨져 있다. '눈으로 남을 볼 줄 아는 사람은 훌륭한 사람이다. 그러나 귀로는 남의 이야기를 들을 줄 알고, 머리로는 남의 행복에 대해서 생각할 줄 아는 사람은 더욱 훌륭한 사람이다.'

유한대학교 유일한기념홀
경기도 부천 유한대학교 학생회관 1층에는 유일한 박사 추모 35주기를 맞아 유일한 기념홀을 조성했다. 유일한박사의 일대기와 독립운동의 정신이 기업가의 정신으로, 그리고 사회에 돌려주어야 한다는 그의 생각이 잘 나타나 있다.

성공한 사업가, 독립운동가, 비밀요원 영화 〈킹스맨 2〉를 연상하게 하는 삶이다. 한 사람의 인생이 이토록 스펙터클할 수 있을까. 심지어 사회 환원까지 이루어낸 그의 삶은 상대적으로 너무 저평가된 듯 한 아쉬움이 남아있다. Hexter

WOMAN
CHANGE
THE WORLD

독립을 넘어 민주화에 앞장선 광주의 어머니 _____ **조아라**

5월의 광주라고 하면 우리는 무엇을 떠올릴까? 아마 많은 이들이 '5·18 광주민주화운동' 이야기를 생각할 것이다. 40여 년이 지난 오늘도 여전히 풀리지 않는 의혹과 논란이 계속되어 5월의 광주는 해마다 뜨거운 화제가 되는 것 같다. 광주의 100여 년 전 시간과 공간을 간직한 '양림동 근대역사문화마을'을 찾았다. 5·18 민주화운동기념관도 망월동 묘역보다도 양림동을 먼저 찾은 이유는 독립운동가이자 여성운동가로 그리고 5·18 광주민주화운동의 최전선에서 시민들에게 광주의 어머니로 존경받았던 소심당素心堂 조아라1912~2003 선생의 삶을 만나기 위해서다.

광주 근대역사문화마을, 양림동

양림동 주차장 입구에 도착하면 '양림마을 이야기관'을 처음 만난다. 이곳은 양림동의 시간과 공간을 살아간 사람들의 이야기가 잘 소개되어

조아라 　 ———— 269

있다. 양림동은 기독교 선교사들이 정착하면서 근대시설을 갖춘 학교와 병원들이 들어섰고 지금도 옛 건물들이 여럿 남아있어 근대적인 느낌을 많이 받는 곳이다. 더불어 이장우 가옥, 최승효 가옥 등 한옥 주택들도 어우러져 옛 전통과 근대문화가 함께 공존하는 광주의 대표적인 근대역사 문화마을로 자리 잡았다. 조아라 선생의 이야기는 양림교회 언덕 위에 자리한 조아라 기념관과 언덕 아래 수피아여중고에서 만날 수 있다.

항일독립운동의 산실, 수피아여학교

수피아여학교는 1908년 미국 남장로교 선교사들에 의해 개교한 학교로 수피아 홀, 커티스 메모리얼 홀, 윈스브로우 홀, 소강당 등 문화재로 지정된 옛 건물과 기념물들이 교내에 가득하다. 그만큼 광주의 첫 근대여성학교로서 오랜 역사만큼이나 다양한 인물과 사연들이 많이 남아있다. 원래 유진 벨Eugene Bell과 오웬Clement Carrington Owen 선교사의 사랑채에서 여학생들을 모아 진행한 수업이 40여 명의 학생으로 늘어나자 본국에 후원을 요청했고 미국 남장로교의 스턴스M.L. Sterns여사가 세상을 떠난 친동생 제니 스피어Jannie Speer를 추모하기 위해 오천 달러를 기증하면서 수피아 홀을 세웠다. 수피아 홀을 건축한 이후부터 학교 이름을 수피아여학교Jennie Speer Memorial School for Girls라고 부르게 되었다고 한다. 학교 입구에 들어서면 수피아 대강당 옆으로 '광주3·1만세운동기념탑'이 눈에 띈다. 그 옆으로 작은 기념비는 조아라 선생의 기념비다. 수피아와 3·1운동 그리고 조아라 선생의 이야기가 시작되는 곳이다.

서울에서 시작된 3·1운동은 광주에도 빠르게 알려졌다. 남궁혁 선생 집에서도 비밀모임을 가졌고 수피아여학교의 교사인 박애순, 전신애 등도 치마를 뜯어 태극기를 제작하는 등 만세운동을 준비해 나갔다. 서울과 여러 지방에서 일어난 3·1운동의 이야기를 학생들에게 전하며 광주 만세운동 날짜를 3월 10일로 정했다. 남학교인 숭일과 여학교인 수피아의 교사와 학생들은 광주의 장날이었던 3월 10일, 「독립선언서」낭독과 함께 태극기를 흔들며 만세운동을 일으켰다. 일제는 곧바로 헌병을 동원해 무자비한 탄압을 하였으나 교사들과 학생들은 당당히 이에 맞섰다. 이때 맨 앞에서 만세를 외치던 수피아여학교의 학생 윤형숙이 쓰러졌다. 헌병이 휘두른 칼에 왼쪽 팔이 잘렸기 때문이다. 그러나 그녀는 피를 흘리며 다시 일어나 오른팔로 태극기를 잡아 흔들며 대한독립만세를 계속 외쳤다. 그러자 시위에 함께한 이들은 일제에 더욱 분노하며 만세운동을 이어갔다. 윤형숙은 물론 교사와 학생 상당수가 체포되어 23명이 옥고를 치렀다. 윤형숙은 감옥에서도 모진 고문으로 한쪽 눈을 잃었지만 독립의 정신만큼은 잃지 않았다. 그렇게 수피아의 학생들은 저항과 독립운동을 계속해 나갔다.

　무엇이 여학생들을 이렇게 이끌었을까? 무엇을 배우고 누구에게 어떤 영향을 받으며 성장하느냐가 그 사람의 인생에 큰 영향을 미친다고 생각한다. 출세와 성공 이전에 이웃과 민족을 사랑하는 마음, 일제의 통치에 저항하는 정신을 가르친 수피아의 교육 정신이 있었기에 이런 인물들이 나올 수 있었다고 믿는다. 오늘날 교사들은 어떤 가치관을 가르치고 우리 아이들은 무엇을 배우며 생활하고 있을까?

1929년 광주에서는 3·1운동 이후 전국 최대 규모의 독립운동이라 할 수 있는 광주학생항일운동이 일어났다. 이 사건으로 전국적으로 5만 여 명의 학생들이 붙잡히거나 조사를 받았고 무기정학 2,300여 명, 퇴학 처분 480여 명에 이르는 대규모 독립운동 사건이었다. 이듬해인 1930년 에는 수피아여학교에서 비밀조직 백청단백인청년단이 조직되었다. 여학생 들이 주도한 단체로 상해 임시정부와 연락이 닿을 정도였다. 일제는 탐문 수사 과정에서 한 회원의 일기장을 발견하여 단원을 체포하면서 관련자 들이 알려졌고 학교는 무기 휴학에 처해졌다. 이러한 백청단 사건의 중심 에 단장 조아라 선생이 있었다.

조아라, 항일독립운동에 참여하다

조아라 선생이 수피아여학교를 다닌 때는 1927년에서 1931년이다. 그녀는 나주에서 태어나 학교를 다니다 광주로 거처를 옮겨 수피아여학 교에 입학했다. 이곳 수피아에는 김마리아, 김필례 등의 교사들이 있어 민 족정신과 항일정신이 배울 수 있었는데 조아라 선생은 김필례를 만나 훗 날 YWCA운동에 뛰어들게 된다.

3·1운동 이후 민중 의식이 성장하던 때 광주학생항일운동이 전국적 으로 퍼지자 수피아 학생들도 가만히 있지 않았다. 그들은 비밀단체로 백 청단이란 단체를 만들어 농촌계몽과 인재 양성을 표방하며 활동하였고 임시정부 주석 김구와 편지를 주고받을 정도로 비밀 독립운동을 이어 갔 다. 명단도 단원도 서로 몰라 은반지로서 단원임을 암시적으로 알 뿐이었

다. 조아라 선생은 졸업 후 이일학교 교사로 재직 중에 백청단의 실체가 알려지면서 주도자로 체포되었고 학교에서도 쫓겨났다.

　1935년 그녀는 24세에 결혼을 한다. 남편과 함께 교회 유치원에서 활동하던 사이 일제는 중일전쟁을 일으켜 전선을 확대하고 기독교 학교에도 신사참배를 강요했다. 수피아는 학교를 폐쇄하는 한이 있어도 신사참배는 하지 않겠다고 버텼다. 조아라 선생도 수피아 동창회 대표로서 일제가 강요하던 신사참배에 적극 반대한 결과 다시 감옥에 붙잡혀갔다. 학교 운영을 맡은 선교사들과 교사, 학생들은 신사참배가 아닌 스스로 학교 문을 닫는 결정을 내린다. 조아라 선생은 일제 경찰에게 감시의 대상이었고 무슨 일만 있으면 잡혀가는 예비검속 대상이 되었다. 첫아들이 겨우 돌이 지난 때 아이와 함께 차가운 감옥에서 담요 한 장으로 지내며 추위에 떨어야 했다. 일제는 많은 독립운동가를 체포해 갖은 고문과 구타, 협박과 회유를 시도했고 그 과정에서 몸이 상하거나 정신적인 고통으로 평생 힘겹게 살아간 분들이 많다. 더구나 여성으로서 계속된 감옥행은 더욱 힘들었을 테지만 조아라 선생의 마음은 갈수록 더욱 강해졌다. 그녀가 출옥하던 시기에 남편은 평양신학교에 입학한다. 그리고 그녀 또한 평양 여신학원에 입학했다. 그러나 신학의 길 또한 오래가지 못하였다. 시대가 암울한 것도 있지만 신학교의 목사들과 장로들이 신사참배 결의를 넘어 전투기까지 사서 일제에 헌납하는 등 너무나 안타까운 모습을 계속 보였기 때문이다. 남편은 분개하며 이런 썩은 학교는 다니지 않겠다며 자퇴를 하였고 조아라 선생도 함께 광주로 내려왔다. 하지만 광주에서도 그들을 기다리는 사람은 감시를 나온 일본 경찰들이었다.

1940년대 학교는 문을 닫았고 선교사들도 대부분 쫓겨났으나 오늘날 수피아는 여전히 학교로서의 역할을 다하고 있다. 해방 후 돌아온 선교사들, 그리고 수피아여중 교사로 활동한 조아라 선생 등의 노력이 있었기에 가능했다. 학교 입구 '광주3·1만세운동기념탑' 옆으로 작게 세워진 조아라 기념비에는 '수피아와 광주의 어머니 여성 인권 민주화'라는 글이 새겨져 있다. 독립운동가를 넘어 광주의 어머니가 되기까지 해방 후 그녀의 활동을 알기 위해 조아라기념관으로 향했다.

광주YWCA 활동, 여성운동을 이끌다

수피아여중고에서 양림동 근대 역사거리 쪽으로 올라가면 작은 건물에 소심당 조아라기념관이라 이름 붙여진 건물을 찾을 수 있다. 건물 입구에는 조아라 선생의 입간판이 세워져 방문객을 환영한다. 그리고 벽에는 '광주의 어머니 소심당 조아라'라 적힌 이름 아래로 그녀의 생애와 삶이 사진과 함께 간략히 정리되어 있었다. 그렇다면 왜 이곳에 그녀의 기념관이 세워진 것일까? 조아라 선생이 수피아와 광주 YWCA에 몸담으며 주로 양림동 일대에서 활동하였기 때문이다. 이 건물 또한 노년에 10여 년 머물며 생활한 공간이었는데 그녀의 삶을 재조명하는 의미로 이곳에 기념관을 이전·개관한 것이다. 기념관 건물 내부로 들어갔다. 기념관 1층에는 그녀의 유품들이 전시되어 있다. 신앙인으로서 성경, 십자가 등과 검소하면서도 소탈한 느낌의 한복과 직접 작성한 일기장 등 생전에 사용하였던 유품들이 전시되어 있었다. 그녀의 쉬지 않은 행보는 언론 기사를 모아놓은 칸에 자세히 전시되어 있었다. 해방과 동시에 수피아의 문을 다시 여는 일에 앞장섰고 교사로 활동하기도 했다. 그리고 한국 걸스카우트 전남연맹을 조직해 연맹장을 맡기도 했고 6·25 한국전쟁 중에는 전남 도청 후생국 후생과 부녀계장으로 활동하기도 했다. 1952년 전쟁이 한창이던 때 전쟁고아 보호를 위해 광주 YWCA회관에서 12명의 아동을 모아 시작한 성빈여사聖貧女舍는 지금까지도 그 사랑을 이어가고 있다. 또 이들을 가르치기 위해 어려운 소녀 가장들을 위한 야간 중학교인 호남여숙湖南女塾을 설립하기도 했다. 힘들고 어렵게 살던 1950~60년대 그녀는 광주에서 여러 복지사업을 시작하고 운영을 맡았다. 1962년 청소년 야학인 별빛학원과 윤락여성들의 직업 훈련을 위해 계명여사를 열어 빈민 여성들의 사회진출을 도왔고 가정법률상담소와 광주 인권위원회 위원으로 활동하며 가난하고 소외된 이들, 특별히 여성들의 삶과 인권 보호에 노력을 아끼지 않았다. 1973년에는 광주 YWCA 회장으로서 신용협동조합, 사회복지법인 소화자매원 등을 이끌었다. 그녀는 다양한 활동으로 인해 받은 여러 상금을 YWCA 기금으로 내어놓은 것은 물론 사비를 털어 이웃을 돕는 일에도 최선을 다했다.

민주화운동, 군사독재에 맞서다

조아라 선생이 사회복지사업, 여성인권사업 등을 진행하디 민주회운동에 뛰어든 것은 박정희 대통령의 3선 개헌 발표1969 이후였다. 이승만 대통령도 법을 고쳐 세 번을 역임하고 네 번째 대통령이 되려다 4·19혁명으로 쫓겨났는데 박정희 대통령이 또 법을 고쳐 '한 번만 더'를 외친 것이다. 결과는 '한 번만 더'가 아니라 유신헌법으로 이어진 영구집권이라는 사실을 우리는 잘 알고 있다. 조아라 선생은 각종 인터뷰에서도 3선 개헌을 반대했고 오히려 김대중의 유세장에 나타나 이희호 여사와 함께 서기도 했다. 그로 인해 식민지 시절이 아님에도 그녀를 감시하는 인물들이 붙어 다녔고 박정희 정부에서는 불쾌한 마음으로 도, 시정, 법원, 검찰 등을 동원해 성빈여사를 수색하고 불법과 탈세 등 꼬투리를 잡으려 애썼다. 그녀는 그럼에도 당당하게 소신을 밝히며 부당한 권력과 독재에 맞섰다.

박정희 대통령의 죽음에 민주화를 기대한 시민들의 꿈을 무참히 짓밟아버린 전두환 신군부의 12·12사태는 또 한 번 시민들을 허탈하게 만들었다. 그리고 이듬해 1980년 독립운동 때보다 더 큰 아픔의 시간이 광주에서 일어난다. 바로 1980년 5월의 광주 이야기다. 1980년 5월 18일 조아라 선생은 광주 시외버스터미널 부근에서 학생들이 공수부대원에게 쫓겨 달아가는 것을 보았다. 다음날 19일 그는 서울에 일이 있어 YWCA 총무와 함께 서울에 올라왔다. 그리고 점심을 먹은 직후 광주에서 전화가 한 통 걸려왔다. 공수부대원들이 YWCA 건물로 무작정 들어와 시설들을 부수고 직원들을 마구 때려 피를 흘리고 머리가 찢어지는 등 큰일이 벌어졌다는 소식이었다. 그녀는 곧장 서울에서의 일정을 취소하고 강남고속버스터미널로 향했다. 서울에 머무르며 피할 수 있었지만 바로 광주로 내려오는 결정을 한 것이다. 이것이 조아라 선생이 평생 불의와 잘못된 권력에 맞서는 방법이었다. 당일 광주행 버스표는 5시 50분 차표를 구했으나 광주에 도착하면 통행금지에 걸릴 것이라 하는 수 없이 다음 날 아침 일찍 출발해 20일 오전 광주에 도착했다. 그녀는 그동안의 이야기를 듣고 미국의 공보원을 찾아가 따졌으나 들려오는 대답은 '미안하다'는 말뿐 다른 조치는 없었다. 미공보원의 안일함과 달리 밖에서는 한 시가 다르게 상황이 급박하게 치달았다.

5·18 수습대책위원, 광주의 아픔을 끌어안다

5월 21일 도청 앞 집단 발포사건이 발생했다. 이날은 마침 부처님오신날 공휴일이었다. 영화 제목처럼 '화려한 휴가'라는 작전명은 이름과 달리 끔찍한 휴가가 되었다. 공휴일인 만큼 시민들이 도청 앞 광장에 대규모로 모여 시위를 하고 있었는데 군인들이 시위대를 향해 집단 발포함으로써 무수한 총상환자들이 발생한 것이다. 공휴일이었으나 마침 광주 기독병원은 정상 운영되고 있어 초기 환자들은 그곳으로 몰렸다. 조아라 선생도 그날 오후 집을 나섰다. 며칠 전과는 다른 큰 사건이 일어났음을 직감했다. 모든 대중교통은 끊어졌고 총을 든 시민들이 차를 타고 다니며 방송을 통해 헌혈로 도와줄 것을 외쳤다. 환자들이 기독병원에 몰려와 그녀는 병원에 들어가 볼 수도 없었다. 다음날 5월 22일, 그녀는 기독교와 천주교 대표들과 함께 이 사건을 공동대처하기 위해 모였다. 시민들이 총기와 무기를 소유하고 있으면 계엄군의 재진입 명분을 주는 것이라 무기를 회수하는 것이 어떨지 논의하였다. 그 후 병원을 찾았으나 그곳은 혼란과 눈물, 절규 소리가 끊이지 않는 그야말로 아비규환의 현장이었다. 선생의 글에는 당시 상황이 생생히 담겨 있다.

영안실은 가득 차서 시체를 병원 밖 땅바닥에 가마니로 덮어놓았고, 자식이나 친척이 들어오지 않자 찾아 나선 아낙네들은 금방이라도 쓰러질 것 같은 몸을 이끌고 시체를 뒤적이고 다녔지. 또 부상 당하거나 죽은 자식이라도 발견한 엄마들은 그 자리에 엎어져 통곡을 하는데 가슴이 아파서 도저히 지켜볼 수가 없었어.

잠시 도청에서 물러간 계엄군의 자리를 시민군과 학생들이 무기를 들고 지켰다. 사건의 수습을 위해 모인 수습대책위원들은 분주하게 움직였다. 그러나 그들의 바람과는 달리 기어이 계엄군은 다시 광주 시내로 진격해왔다. 특수훈련을 받은 공수부대원들은 5월 27일 새벽 2시 20분 '상무충정작전'으로 명명된 도청 재진입 작전을 감행하여 150여 명이 넘는 학생과 시민군을 무력으로 진압했다. 그날 새벽 전남 도청에서 마지막 방송을 한 여대생 박영순, 확성기로 시민참여를 독려했던 전옥주 등의 목소리는 영화 〈화려한 휴가〉의 마지막 장면을 떠올리게 하였다. 조아라 선생이 속한 YWCA도 피해가 컸다. 그녀는 광주YWCA를 개방해 시민항쟁의 공간으로 제공했는데 그래서일까 다음날 사무실을 찾으니 탱크가 문 앞에 서 있었고 건물 곳곳엔 총알이 박힌 흔적과 유리창이란 유리창은 모두 깨져 있었다. 무엇보다 조아라 선생이 아끼던 젊은 청년들이 목숨을 잃었다. 참담한 심정 속에 이틀을 보낸 29일 새벽 사복을 입은 형사들이 그녀를 잡으러 왔다.

"내가 뭔 죄가 있어 잡으러 와? 느그들이 저지른 과오는 생각지도 않고, 우리는 느그들이 지른 불을 끄러 간 것이야!"

군사 법정에서 그녀가 한 말이다. 그녀의 나이 일흔에 가까웠지만 10대부터 이어온 독립운동의 올곧은 자세와 여러 시련 속에 자주 드나들었던 감옥과 재판정은 두려움보다 오히려 더욱 그녀를 당당함으로 이끌었다. 경찰서에서 상무대 헌병대로 다시 보안대 지하실로 끌려가 취조를 받았다. 그러나 그녀는 자기보다 함께 끌려가 취조받은 이애신 총무를 더욱 걱정했다. 고혈압을 앓는 그녀가 열악한 환경에 쓰러져 더 몸이 상할까 봐 유치장 서장에게 간곡히 부탁해 치료받을 수 있도록 도왔다. 그러나 사실 본인도 몸이 많이 상해있었다. 그래서 결국 이애신 총무와 조아라 선생 모두 병원에서 치료를 받으며 재판을 받았다. 둘 다 내란음모죄로 실형 3년을 선고받았으나 6개월간의 옥고를 치른 후 70세가 넘자 고령이라는 이유로 석방되었다.

광주의 어머니, 5·18 민주묘지에 잠들다

5·18 광주민주화운동 때 보여준 강렬한 인상으로 광주시민들은 그녀를 '광주의 어머니'로 불렀다. 하지만 정작 본인은 YWCA에서 나와야 했다. 그녀로 인해 단체가 정치적 보복을 받을 수도 있었기 때문이다. 그러나 몸담은 장소는 바뀌어도 그녀는 여전히 약자들과 고통받는 이들 옆에 머물렀다. '5·18 민중 항쟁 기념사업 추진회' 고문을 맡아 부상자들의 치료비를 지원하고 정신적인 후유증을 겪는 이들을 돕기 위한 상담을 진

행하고 유가족에게는 장학금 등을 전달했다.

1990년대가 되자 문민정부가 들어섰다. 그녀는 마지막 소원으로 남북한 평화통일을 희망했다. 1992년 9월 분단 이후 처음으로 평양에서 열린 남북여성토론회에 한국 여성계를 대표해 참석했다. 평생을 이은 헌신과 검소한 삶에 화백이었던 허백련 선생은 '티 없이 결백하다'는 뜻으로 '소심당'이란 호를 지어줬다. 한 세기가 지나 2003년 아흔둘의 긴 생을 마감하고 전주예수병원에서 숨을 거두었다. 그리고 죽음과 함께 찾은 곳은 국립5·18민주묘지였다. '광주의 아들·딸'이 잠들어 있는 곳에 '광주의 어머니'도 함께 잠든 것이다. 광주YWCA에서는 2005년 조아라 기념관을 열었는데 그녀가 마지막 여생을 보낸 양림동 건물을 리모델링 해 2015년 기념관을 이전 개관하였다. 기념관 2층에는 조아라 선생이 10대부터 노년에 이르기까지 활동한 모습들이 사진으로 전시되어 있고 영상으로도 관람할 수도 있다.

한 사람이 세상을 바꾸는 것은 어렵다. 그러나 한 사람이 자신의 사명을 발견하고 평생 한길만을 곧게 걷는다면 적어도 그가 걸어간 길은 변하지 않을까? 독립운동가, 여성운동가, 민주화 운동가 등 다양한 이름이 그녀가 걸어온 길을 말해주고 좀 더 나아진 세상을 만들어왔다고 믿는다.

"내가 뭔 죄가 있어 잡으러 와?
느그들이 저지른 과오는 생각지도 않고,
우리는 느그들이 지른 불을 끄러 간 것이야!"

❶ 광주 3·1만세운동기념비 & 조아라기념비

❷ 광주 구 수피아여학교 : 커티스메모리얼 홀

❸ 광주 조아라 기념관

❹ 조아라 선생의 활동 자료

❺ 조아라 기념관 외부 전시물

❻ 조아라 선생의 각종 명찰

❼ 백범 김구 선생과의 만남

함께 걷는 독립운동의 길

양림동 조아라기념관

5·18민주화운동기록관

광주 수피아여중고

광주학생독립운동기념관

국립518민주묘지
(조아라 묘소)

수피아여중고
광주 양림동에 위치한 수피아여중고는 1908년 미국 남장로교 선교사들에 의해 개교한 학교로 수피아 홀, 커티스 메모리얼 홀, 윈스브로우 홀 등 문화재로 지정되었다. 학교 입구에는 광주3·1만세운동기념 탑과 조아라선생의 기념비가 세워져 있다.

조아라기념관
조아라선생이 평생 몸담으며 활동하고 머무르기도 했던 양림동 YWCA 건물에 소심당 조아라기념관이 문을 열었다. 독립운동과 여성복지, 민주화운동에까지 앞장서며 살며 광주의 어머니로 불린 조아라여 사의 삶과 유품이 잘 전시되어 있다.

국립5·18민주묘지(조아라 묘소)
광주 5·18민주화운동 민주주의를 지키려다 희생당하신 분들이 잠들어 있는 공간이다. 5·18민주화운 동에 앞장서 수습대책위원회로 활동하고 군사법정에도 섰으나 당당했던 조아라 선생은 광주의 어머니 란 이름으로 불리며 2003년 이곳에 잠들었다.

진취적인 그녀의 삶이었지만 생각보다 젊으셨을 때 모습이 궁금하고 그리고 싶었는데 찾기 힘들어 아쉬웠다. 지금 다 시 태어난다면 분명 활발한 사회운동가가 되어 약자들의 목소리를 대변하고 있을 것이기에 소녀의 이미지로 재해석 했다. Hexter

에필로그

'노블레스 오블리주 noblesse oblige'

남부럽지 않을 신분, 재산, 지위가 있음에도 조국의 독립을 위해 모든 것을 바친 우당 이회영과 그 가족의 이야기는 우리 사회의 지도층이 어떻게 살아야 하는지 보여주는 대표적인 사례라고 할 것이다. 사람들은 대개 지배적인 가치나 권력에 대해 3가지 삶의 방식을 보인다고 한다. 현실과 대세에 따라 순응順應하며 살아가는 사람들이 대부분이고 시대의 변화에 따라 편승便乘하여 그 안에서 성취를 이루고 지위에 오른 사람들도 있다. 그러나 순응도 편승도 아닌 저항抵抗이라는 다른 길을 선택한 사람들도 있었다. 독립운동가는 바로 잘못된 제국주의라는 시대적 흐름 앞에 저항이라는 길을 선택하고 자신의 자리에서 할 수 있는 독립운동을 끝까지 다한 분들이었다. 재산, 가족, 인생 전체를 모두 내어놓기까지 순응하거나 편승할 수 없는 온전한 독립이라는 가치를 붙들고 외로운 길을 싸워갔던 것이다. 그들의 희생과 헌신이 있었기에 오늘 우리가 있다고 생각한다.

역사를 살펴보는 일은 사람을 만나는 시간이라고 생각한다. 어떤 시대와 상황에서 무엇에 영향을 받아 그러한 판단과 행동을 하였는지 살펴보며 나에게 스스로 물어보고 답해볼 수 있는 시간, 그것이 역사를 되돌아보는 큰 이유 중 하나라고 믿는다. 현장을 찾고 자료를 뒤지며 100여 년 전 앞서 살아간 독립운동가분들께 죄송한 마음이 들었다. 그토록 꿈꾸며 이루고자 했던 온전한 독립과 하나 된 통일국가를 우리 후손들은 해방 후 75년이 지나도록 아직 이루지 못했기 때문이다. 한국전쟁의 폐허 속에 가난과 싸워야 했고 경제발전을 이루며 독재에 맞서 민주화를 이뤄냈으나 여전히 갈등과 풀어야 할 과제가 많이 남아있다. 독립운동가와의 만남이 오늘 우리에게 남겨진 과제 앞에 나의 역할과 삶의 자세를 스스로 찾아보는 계기가 되었으면 좋겠다.

이 글을 쓰면서 가장 유익했던 사람은 누구보다 나 자신인 것 같다. 내가 만난 독립운동가들은 나에게 어떻게 살아가야 하는가를 보여주셨다. 그것은 다음 세대인 학생들, 청년들의 미래를 생각하며 이웃과 사회가 더불어 살아가는 세상을 가르치고 먼저 모델이 되는 삶이었다. 나의 욕심,

나의 자랑, 나의 안락이라는 '나 중심'을 내려놓고 '공동체'를 먼저 생각할 때 사회는 조금 더 나은 방향으로 나아갈 수 있다는 쉽지만 어려운 분명한 메시지였다.『길 위에서 만난 독립운동가』라는 책을 통해 독자들이 조금이라도 자신의 삶을 돌아보는 일에 도움이 된다면 그것으로 감사할 따름이다. 부족한 부분은 필자의 몫이다. 기회가 된다면 독자들과 함께 이 길을 걸으며 직접 이야기를 나누는 시간이 오길 기대해본다.

길 위에서 만난 독립운동가

초판 1쇄 발행 2021년 4월 9일

지은이 김학천
그린이 황은관
펴낸이 이재원

펴낸곳 선율
출판등록 2015년 2월 9일 제 2015-000003호
주소 경기도 구리시 동구릉로 148번길 15
전자우편 1005melody@naver.com
전화 070-4799-3024   팩스 0303-3442-3024
인쇄 · 제본 성광인쇄

ISBN 979-11-88887-13-2 03910

값 18,000원

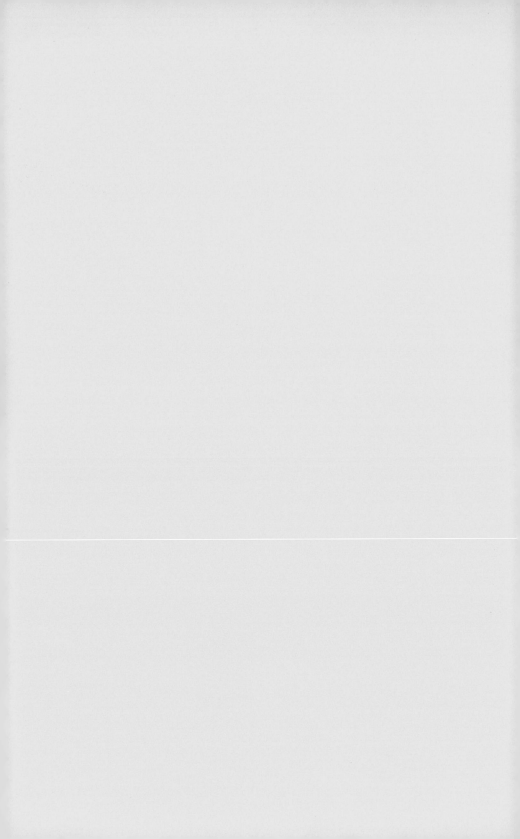